J'aime pas la polente…

Les chants du cœur de Grand Louis sous le ciel de Savoie

Du même auteur chez le même éditeur :

Le grand moutardier du pape,
les aventures de P'tit Louis en terre de Savoie.

Prix Vaugelas de la Langue Française
Plume de l'Espoir de la Société des Auteurs Savoyards

Patrick Dalmaz

J'aime pas la polente…

Les chants du cœur de Grand Louis sous le ciel de Savoie

Roman

Les Chants de la Terre

La Fontaine de Siloé

ISBN : 978-2-84206-395-5

Couvent des Dominicains, Vieille-Rue
BP 65 — 73801 Montmélian CEDEX
Tél. : 04 79 84 27 24 — Fax : 04 79 84 21 86
émile : lafontainedesiloe@wanadoo.fr

SOMMAIRE

Mémé me répétait avec insistance :
« Mange ta polente si tu veux grandir ! »,
mais je crois bien que je n'ai jamais grandi...

Pépé, les jours de dispute, bougonnait en marmonnant :
« Cré Diou ! que j'aime pas la polente ! »

Et moi, la polente de mémé avec une pointe d'ail et un peu
de sauce du civet, je m'en lèche encore les babines. Quant à la
polente de pépé, je ne peux pas l'avaler.
J'ai horreur des embrouilles !

Polente : brouet fait de farine de maïs.
Peut aussi être synonyme de grave contrariété.

Mise en bouche

« Lucienne ! Lucienne ! Lulu, bon Dieu ! tu m'entends ?

– Mais quoi donc encore ? T'es où, Marcel ? Qu'est-ce que tu veux encore ?

– Tu sais ce que j'ai entendu ce matin en allant chercher à manger pour le chien ?

– Non ! Mais t'es où ?

– Qu'est-ce que cela peut te foutre, où je suis ? Je suis aux cabinets. Tu sais pas encore que c'est l'heure ! Ça fait trente cinq ans que j'y vais tous les matins à sept heures pétantes !

– Bon, d'accord, mais t'as entendu quoi ?

– Ta fille, il paraît qu'elle va avec un vieux. C'est la femme à Raymond, celui qui conduit les camions pour la coopérative agricole, qui l'a vue sortir d'une grosse Mercedes.

– D'une quoi ?

– D'une bagnole de riche. Une Mercedes. La même que celle du patron des abattoirs.

– Elle va avec le patron des abattoirs ?

– Crénom de foutre ! tu n'y comprendras jamais rien. Mais écoute donc quand je cause ! La femme au Raymond l'a vue dans la même bagnole que le patron des viandes. Une bagnole allemande avec des fauteuils en cuir et des vitres teintées pour pas qu'on le voie quand il nous voit.

– Qu'est-ce tu me dis, Marcel ? Pas la fille, pas la Joséphine, pas la Fifine avec un vieux ! C'est pas d'elle, ça, tu veux rire !

– Je vais t'en fournir, moi, du rire. On ne rit pas avec ce que les autres racontent. Si mes sœurs et les beaux-frères l'apprennent, j'y vois pas beau. Moi je te le dis. J'y vois pas beau. Déjà qu'on a failli jamais aller à Lourdes avec eux quand on leur a dit qu'elle voulait divorcer. On est beaux, tous les deux, avec ça sur les bras. Beaux, je te dis. Si la Marcelle l'apprend, elle va immédiatement téléphoner à la Denise, qui va filer chez l'Huguette. Du coup, tu vas voir rappliquer le Jeannot, Loulou et le Dédé. C'est conseil de famille. Ils sont capables d'aller en délégation voir la mémé à l'hôpital et tout lui dire. Tu te rends compte ?

– On s'en fout, de la mémé. Elle décartonne à tout va…

– Tais-toi donc. Elle décartonne du ciboulot, mais elle peut encore signer, si tu vois ce que je veux dire. Et pas signer dans le bon sens, sur le bon côté de la feuille. Tu ne te rappelles donc pas qu'elle t'a toujours promis les bâtiments et les terrains du Longjarret. Faut vite y mettre le holà, Lulu, sinon on court au drame. Moi je suis bon pour aller chercher à manger au chien à l'autre bout du département.

– Commence déjà par sortir de là-dedans, que j'ai horreur de parler avec les portes. Ça fait une demi-heure que t'y moisis.

– J'arrive pas à faire, ce matin. Je suis tout coincé avec ces salades pas fraîches. Il va encore me falloir une poignée de pruneaux au vin…

– Même sans le vin, les pruneaux, ça dégouille les boyaux ! Et puis remets donc tes bretelles comme il faut, on dirait Raimu dans La Femme du boulanger…

– Je suis tout de travers, tout de bisangoin. Cette histoire, ça m'a tout bouligué. Ta fille, elle réussit rien qu'à me barbouiller. Quand je pense à tout ce qu'on a fait pour elle et tous les rapiapias, les gôgnes et les simagrées pour en arriver là. C'est pas Dieu possible, quand même. Et que je t'envoie chez les sœurs à l'école, et que je te paie des cartables neufs toutes les années, et que je t'achète une auto pour aller aux facultés à Lyon. Tout ça pour qu'on la voie là, dans les rues de chez nous, avec un vieux beau. Ça me déguenille, Lucienne, des affaires pareilles. Et quand je pense que les frangines risquent d'y savoir, et les beaux-frères et la mémé. Il y a des moments où j'aimerais mieux passer sous le train.

– Arrête, Marcel, tu te fais du mal et tu me fais monter la migraine. J'en avais plus eu depuis qu'elle avait dit qu'elle divorçait de son Sicilien, il y a six mois. Je crois bien que je suis en train de remettre ça. Tu vois, la migraine, elle devait plus me reprendre depuis que je suis ménopausée. C'est le docteur qui l'avait dit. Il s'est bien mis le doigt dans l'œil jusqu'au coude. C'est trop compiqué, les femmes.

– Trop com-pli-qué, Lucienne ! Avec une l après le p.

– Fais bien le malin, t'as même pas fini le mot fléché du Dauphiné de dimanche. Il y avait la solution, à l'envers sur la dernière page.

– Lulu, tais-toi donc et réfléchis à ce qu'on doit faire. Moi, j'ai une idée. Ça va t'éviter de réfléchir. Quand une femme réfléchit, souvent c'est les nerfs qui prennent le dessus et il n'y a rien de bon au final. D'abord, on va nier tout en bloc si on nous en parle. T'as compris, Lucienne ? Tout en bloc ! Rien, il ne s'est rien passé. On ne sait rien, on n'a rien vu et personne n'a rien vu. Joséphine n'a jamais rien fait sans nous en parler, sans nous demander notre avis. Et, d'abord, elle n'a pas les moyens de se passer de nous. Et puis, avec tout ce que l'on a fait pour elle et avec l'éducation qu'elle a reçue, ce n'est pas possible qu'elle perde la tête à ce point. D'accord ? T'as compris, Lulu ? Tous ceux qui en parleraient à la boulangerie ou ailleurs, tu les envoies sur les roses ou tu me les envoies. D'accord ?

– Bien oui, d'accord, mais il y a une chose qui me turlupine.

– Quoi encore, cré Diou ?

– Et si c'était vrai ?

– Non, ce n'est pas vrai. Vu? Pas vrai, pas possible, pas Joséphine. Point à la ligne. Il n'y a jamais eu de Mercedes, de vieux beau, ni rien. Faut quand même pas abuser, non. Qu'elle bazarde le Sicilien, d'accord. Celui-là, je n'ai jamais pu l'encadrer. Elle l'a voulu, elle l'a eu, elle a vu. Un feignant de première qui l'a attelée aux fourneaux et peut-être même ailleurs…

– Marcel, je t'en prie…

– Tu ne me pries de rien. Je dis ce que veux. C'est un rien-du-tout, celui-là. Non mais dis donc, tu te rappelles quand il venait manger à la maison ? Pas rasé, mal gauné, mal lavé… Tout juste s'il ne mangeait pas avec les doigts, à torcher les assiettes avec la langue. Il était assez malpoli pour nous gagner aux cartes ou aux boules. Un rien-du-tout, je te dis. Bon débarras ! Du balai ! J'espère qu'on n'en entendra plus parler, de ce traîne-grolles. Il m'a souvent mis la honte. T'as qu'une fille et il faut qu'elle aille chercher un peigne-zizi alors que les bons gars du pays faisaient la queue au portail. Merde alors !

– Marcel, arrête ! Tu te fais du mal. J'ai la migraine au bord des lèvres. Ça commence à me fermer un œil. Alors, on fait quoi ?

– Rien, je t'ai dit. Rien de rien. Ou plutôt, si, on va voir la Fifine pour te lui tirer les vers du nez. Il va peut-être bien falloir qu'elle crache le morceau. On ne s'est pas saignés aux quatre veines pour qu'elle nous fiche la honte maintenant. Ça commence à bien faire, ça va pas durer autant que le marché de Villefranche, ces simagrées. Non ?

– Si, Marcel, tu as raison. Comme d'habitude. D'ailleurs, moi, j'ai bien décidé que si elle ne veut rien savoir, c'est fini, je lui laisse le nez dans sa crotte à cette dévergondée. Mais avant je lui mettrais bien ma main sur la figure, ça me soulagerait de la migraine. À trente ans, elle a encore besoin de se faire remonter les bretelles, parce que si elle a de la peau de saucisson devant les yeux, moi je vais lui éplucher. Tu vas voir !

– Tais-toi donc, Lulu, tu déparles. Si je te vois lever la main sur ma fille…

– Oui, quoi ?

– Rien. Fais ce que tu veux, après tout. Mais calme-toi. Tu me fatigues à force de gongonner sans arrêt. L'heure est grave. Il faut étouffer le scandale. Gare au drame ! Tu vas voir, la famille, si ça se sait. Et puis ce ne sera plus la peine d'aller au marché le samedi matin. On n'a pas besoin de cela, je te le dis. De toute façon, il faut désamorcer avant la fin du mois. J'ai le congrès annuel des anciens d'Algérie. Ils vont rigoler, les collègues ! Dans la semaine, la cause est entendue. Plus de vieux ni de Mercedes. Non mais ! D'ailleurs, je vais l'appeler.

– Marcel, mets le haut-parleur. Je veux entendre.

– Allô, Joséphine ? C'est ton père et ta mère. J'ai mis l'haut-parleur pour que ta mère elle entende. Elle est à côté du téléphone et de moi.

– Bonjour !

– Oui, bonjour. Oui, ça va. Attends ! Non, ta mère me dit que ça ne va pas... Mais ferme-la, Lucienne, je n'entends rien ! Si, je t'entends, toi, Fifine, mais c'est ta mère qui n'arrête pas de causer. Bon, tu sais pourquoi on t'appelle, je présume ? Laisse-moi parler, Lucienne, nom de gu ! Alors, tu sais pourquoi on t'appelle ?

– Je ne vais peut-être pas tarder à le savoir !

– Fais pas l'andouille, je te prie.

– Alors, ça vient ce mystère ?

– Je t'en foutrais, moi, d'un mystère. Tu ne te fiches pas du monde, des fois ? Tais-toi, Lucienne, ou tu prends le téléphone. Dis, Fifine, tu n'aurais pas aperçu la femme au Raymond, ces jours ?

– Quel Raymond ?

– Quel Raymond ? Il n'y a en a pas trente-six ! Celui qui conduit les camions de la coopérative agricole, pardi.

– Non, pas vue. Pourquoi, elle est malade ?

– C'est toi qui es malade, ma fille ! Lucienne, arrête ou j'arrête ! T'es pas complètement sinoque, en ce moment...

– Je sens que je vais raccrocher, le temps que vous vous soyez aérés un peu les méninges.

– Tais-toi ou on t'envoie le toubib ! Fifine, tu vas avec un vieux dans une grosse voiture. Ne dis pas non, on t'a vue. Lucienne, arrête de faire des moulinets avec les bras, tu m'enrhumes. Ta mère a repris la migraine. Elle a ses nerfs, maintenant, et moi je te dis que je n'ai pas fait la guerre d'Algérie pour me faire tarabuster par une gourgandine qui ne sait plus à qui montrer ses dentelles. Ah ! la vache ! Elle a raccroché ! Je t'avais bien dit, Lucienne, d'arrêter tes singeries. Elle le sentait bien qu'on ne pouvait parler avec toi. T'es fière, maintenant. Où on va, mais où on va ?

– Rappelle-la, Marcel. Elle n'a pas pu partir dans l'intervalle.

– Elle ne répond plus. Elle se planque derrière le téléphone. Elle est incapable de penser à nous. Avec tout ce que l'on a fait pour elle, c'est pas Dieu possibe !

– Possi-ble, Marcel. Faut toujours que tu écorches les mots difficiles.

– C'est possibe, mais je suis trop zénervé.

– Trop pénervé, Marcel !

– Agace encore un moment et tu vas voir, je vais faire une descente chez elle. Ça va chauffer sur les bords ! »

Sabre au clair

Je n'aimais pas encore, j'aimais à aimer.
(Saint Augustin.)

I

Grand Louis est arrivé tôt ce matin au bureau. Très tôt. Il est le premier. Les femmes de ménage ont à peine refermé la porte de son bureau qu'il s'est engouffré dans l'ascenseur. Il veut être là quand Joséphine arrivera à son tour. Après tout, il est le chef de service et entend bien savourer l'étonnement de son assistante quand elle va le surprendre en train de préparer rituellement les deux tasses de thé du matin. Jusqu'à présent, c'est toujours elle qui accomplissait ce cérémonial matinal. À dire vrai, il y a à peine deux mois que Grand Louis a appelé Joséphine Chamois à ses côtés. Depuis deux ans, ils se saluent poliment dans les couloirs feutrés de la direction de la Formation dans les télécommunications, que la Direction générale, perchée au sommet de la tour Montparnasse à Paris, a eu la riche idée de délocaliser en Haute-Savoie. Poliment, sans vraiment se voir. Courtoisement, entre deux portes. Avec élégance, il lui cède la place de parking sous les fenêtres de son bureau et part remiser sa Mercedes à l'ombre d'un sycomore.

Grand Louis aime ce sycomore. D'ici, en quittant sa voiture, il contemple le Parmelan. Il aime. Puis il jette un œil attendri, en arrière, vers la Mandallaz. En un instant il glisse, en rêvassant, des pentes de la Mandallaz vers la petite église de la Combe-de-Sillingy, que personne ne voit, bien sûr, mais lui sait. Il sait que là-bas, il y a mille ans, ses ancêtres ont entamé une folle farandole dans les couloirs du temps. Nobles des États de Savoie, ils ont accompagné la formidable odyssée des comtes puis des ducs de Savoie, et cela le rend merveilleusement heureux, serein, paisible. Tout cela est enterré, certes, mais depuis que P'tit Louis a quitté les douces brumes matinales de la Combe pour rejoindre Lyon, il n'a cessé d'espérer en un retour sur ces terres chéries. Entre les séductions ajoutées du Parmelan, de la Tournette et des dents de Lanfon et les secrets d'enfance enfouis au pied de la Mandallaz, il se sait devenir un homme enrichi par le bonheur. P'tit Louis a grandi. Grand Louis n'est pas, comme il le souhaitait autrefois, un professeur d'histoire. Il n'empêche que l'histoire est son inavouable maîtresse, sa « danseuse » comme il lui plaît de confesser à l'envi. Ni tennis, ni golf, ni canotage sur le petit lac. Non, la recherche historique. Tout simplement. Pour le plaisir intense de poser ses semelles dans les traces de ses ancêtres, pour rendre hommage au pépé, à la mémé, à la mère attentive qui l'ont porté sur les chemins de la connaissance et de l'amour, sans le sou, mais avec le cœur.

Entre son bureau et celui de Joséphine se trouve un petit local, un réduit, minuscule vestiaire où se concocte l'alchimie matinale du thé. Une caissette en bois verni, réduction d'un coffre de marine, recèle les sachets de thé. Ce matin, Grand Louis opte pour un léger Earl Grey à la bergamote. Il se souvient avec émotion de ce petit réduit où l'on entassait autrefois à la maison le bois, le charbon, le linge sale, et que sa mère appelait le « cafuron ». Allons pour le cafuron embaumé par les brumes de bergamote !

Pendant deux ans, Grand Louis et Joséphine se sont croisés sans se voir. Jusqu'à ce soir d'avril dernier où, sur la route du retour au domicile, il lui a prêté main-forte pour changer une roue. C'était le long des marais d'Épagny, sur le bas-côté de la route qui dessert les centres commerciaux, vers Gillon, dans un flot assourdissant d'automobilistes pressés. Rencontre d'une banalité consternante. Il s'est arrêté par courtoisie. Elle l'a reconnu. Lui pas immédiatement. Ils en rient encore.

Grand Louis est peut-être un des rares automobilistes à ne pas être impatient. Les enseignes lumineuses des centres commerciaux et des temples de la restauration rapide s'effacent chaque jour pour faire place aux décors de son enfance. Lui, il sait. Il sait que là, dans les marais d'Épagny, au milieu des bouquets de roseaux aux pieds mouillés, il a caché ses arcs en noisetier, traqué les crapauds ventrus et niché le vélo qu'il enfourchait à la tombée du jour pour rejoindre pépé et mémé par la petite route de Gillon qui se tortillait dans les prés. Et il rêve. Et il joue à commenter le spectacle des voitures pare-chocs contre pare-chocs comme l'aurait fait P'tit Louis : « Si c'est pas Dieu possible de venir s'acuchonner comme ça ! Ils s'emberlificotent comme un cuchon de passenailles. J'm'en vas t'en bailli mé d'autos, de vélos et de barrots peinturlurés ! » Les mots de l'enfance viennent à manquer. Le séjour parisien a estompé la douce musique des cancanages du village. Aurait-il perdu un peu de sa vie en essayant de la gagner ? Il lui revient alors les mots de mémé, qui lui défendait d'apprendre à nager car c'était juste bon pour se noyer… Et avec les mots de mémé, la gorge se noue un peu. Il faut desserrer la cravate. Avant d'en faire l'attribut de sa fonction, la cravate, il ne l'a portée que le jour de la première communion, puis pour son mariage avec la Miss. Avant, on n'en parlait que quand on se « mettait un coup derrière la cravate » après avoir glané deux ou trois sous en relevant les quilles le dimanche après la messe. Il n'est pas pressé, Grand Louis. Personne ne l'attend. Ou plutôt, si. Son chien et sa chatte. Il vit seul dans sa grande maison des champs, loin de la foule déchaînée, à Champagne, un hameau de Frangy. Il aurait tant aimé retourner habiter chez pépé et mémé, mais les héritiers ont vendu la bicoque à un brocanteur. Il n'en a rien su. Quand il est rentré de Paris, l'affaire était classée. Du haut du cinquante-sixième étage de la tour Montparnasse, on n'apercevait pas la Mandallaz... Et on se faisait oublier. Alors, tant pis, on verra bien.

L'annonce de la délocalisation de son service à Annecy a été un jour de deuil pour tous ses collaborateurs. Pas pour lui. Une jubilation, plutôt. Un de ces matins calmes et légers où l'on a envie d'embrasser tout le monde, de donner à tous les mendiants, et où l'on trouve le métro parisien aussi beau qu'un petit train des Alpes bavaroises. Deux week-ends plus tard, il a déniché la maison de Champagne. Six mois après, il a sorti la Mercedes de la grange pour entamer le triomphal trajet inaugural jusqu'à la plaine des Fins entre Mandallaz et Parmelan !

Pendant deux ans, Grand Louis et Joséphine se sont croisés sans se voir dans les couloirs feutrés de la direction de la Formation. Une fois la roue crevée changée, ils se sont reconnus. Joséphine travaillait depuis trop longtemps au service des experts internationaux de langue anglaise. Une tasse de thé plus tard à la cafétéria de l'entreprise, Grand Louis lui a proposé un poste d'assistante. Il a droit, en tant que chef de service, à une embauche discrétionnaire sans passer par les procédures administratives encombrantes et souvent décevantes. Ce sera Joséphine Chamois. Ne lui demandez pas pourquoi. Il ne sait pas, mais ce sera elle et personne d'autre ! Il aime d'emblée sa spontanéité, sa fraîcheur naturelle, la mélodie sans aspérité de sa voix et son sens de la question précise, courte et essentielle. En fait, elle n'a pas subi le laminage conventionnel des modèles types des grandes écoles. C'est cela surtout qu'il apprécie. Il ne lui a pas dit, mais elle réalise la combinaison de l'authenticité et de la simplicité des collines indolentes qui s'alanguissent au pied de la Mandallaz. Cette jeune femme ressemble à un espace naturel. En sa compagnie, il évacue de jour en jour les stéréotypes glacés des jeunes cadres qui s'agglutinaient, intéressés, en une cour encombrée d'initiatives pesantes et orthodoxes. Elle ressemble aux paysages qu'il aime et qu'il attend depuis si longtemps. Joséphine est l'ombre parfumée des ruelles de Provence. Mystère, fraîcheur et beauté ombragée par un voile de pudeur. Elle l'inspire. Elle est Saint-Paul-de-Vence et les arcades du vieil Annecy. Tout ce qu'il apprécie et espère.

– Bonjour, monsieur !

Joséphine dépose son manteau dans le cafuron.

– Mais que faites-vous ? Le thé, c'est mon premier travail du matin !

– Bon anniversaire, mademoiselle Chamois !

Grand Louis est rayonnant. Il savoure son double effet. Le thé, d'abord, et l'effet d'annonce complètement décalé.

– Anniversaire ? de qui ? de quoi ?

Elle sourit. Elle rit, plutôt, en plissant les yeux, révélant un tour de malice généreux et franc.

– Bon anniversaire, Joséphine ! Il y a exactement deux mois, jour pour jour, que vous avez franchi pour la première fois la porte de ces lieux. Deux mois, jour pour jour, que vous avez accepté de préparer notre première tasse de thé.

À peine a-t-il fini sa phrase que Grand Louis regrette déjà le « notre ». Trop complice, trop personnel, pas suffisamment hiérarchique. Deux mois seulement. En deux ans, à la tour Montparnasse, il n'avait jamais pris le thé au bureau avec qui que ce soit. Tout juste quelques pots offerts au bistrot de la gare, entre deux métros, à la va-vite. Mais ici, entre les deux bureaux, dans le cafuron aveugle, il y a ce « notre », cette appropriation à deux, malgré elle, de ces gestes automatiques de la confection du thé matinal qui deviennent rituels, symboliques et savamment réfléchis. Il regrette. Il a subitement peur qu'elle soit froissée, gênée. Il se sent ridicule et bientôt confus, gourd, embarrassé, maladroit.

– Vous êtes un drôle de bonhomme, monsieur de La Combe !

Pour la première fois depuis deux mois, elle l'a appelé par son nom. Elle vient de substituer au « monsieur » condescendant et poli, hiérarchique et protocolaire, un « de La Combe » plus personnel qu'il s'empresse de traduire par un rapprochement familier et plus chaleureux.

– Drôle de bonhomme ?! Comme vous y allez, Joséphine Chamois ! Va pour le drôle, mais bonhomme ! Tout de même… C'est un peu court, demoiselle, vous eussiez pu dire bien des choses encore ! Et pourquoi pas, s'il vous plaît, mec, gugusse ou type, et bien d'autres encore plus impertinents, n'est-ce pas ? Allez-vous déclamer la tirade du thé ?

Un énorme fou rire ajoute à la complicité de l'instant.

– Souffrez, mademoiselle Chamois, que le drôle de bonhomme, accédant à votre gourmandise, approche le plateau de ce délicat breuvage et vous fasse délicatement humer la délicieuse et subtile exhalaison qui, ravissant vos sens prompts à s'étonner, promet à vos papilles maints paradis voluptueusement étrangers !

– Wouaou, monsieur de La Combe, de qui tenez-vous pareil talent, vous qui brillez en réunion publique et resplendissez maintenant en rendez-vous intime ?

– Joséphine, vous devenez redoutable. Vos répliques semblables à des piques font mouche. Laissons là nos fleurets et dégustons ensemble, voulez-vous ?

Les tasses de thé portées ensemble aux lèvres rencontrent des sourires qui trahissent des palpitations de satisfaction. Satisfaction d'avoir tenu tête et esprit ou, tout simplement, harmonie et plénitude de deux êtres ravis de se mesurer sans s'égratigner ?

II

Les dernières lueurs du jour incendient la Mandallaz quand Joséphine arrive au Créru.

Elle a acheté cette maison de lotissement avec Gino, sur un coup de cœur, il y a dix ans déjà. Adossée à la Mâchurette, la maison regarde le val du Viéran paressant jusqu'à disparaître au creux des bois de sapins qui coupent la vue sur l'agglomération annécienne et le lac, noir et obscur en cette fin du jour. C'était le temps où elle était follement amoureuse de Gino. Elle guettait le bruissement des pneus sur les graviers avant de se jeter à sa rencontre dans l'allée en pente. Main dans la main ou bras dessus, bras dessous, ou la taille enlacée, ou encore sa main d'homme enserrant son cou fragile, selon les impertinentes inspirations de l'instant des retrouvailles, ils remontaient tous deux s'accouder sur le grand balcon. Ils se dévoraient des yeux et des lèvres et s'envolaient et planaient au-dessus des collines et des bois, frôlant le Parmelan et la Tournette, revenaient se poser au creux du canapé près de la porte-fenêtre béante sur la nature rafraîchie. Leurs étreintes juvéniles la ravissaient. Gino lui promettait de lui apprendre tous les secrets de l'amour et elle le voulait, le lui réclamait et croyait que tout ce qu'il exigerait d'elle était le lot ordinaire et délicieux des femmes comblées.

Un dimanche après-midi d'avril, il y a une douzaine d'années, elle a présenté Gino à sa grand-mère. Entre deux tasses de café accompagnées de l'inoubliable tarte aux pruneaux, aux « culs de poulet » chers à sa mémé, celle-ci lui a glissé cette sentence non négociable : « Ma Fifine, tu vas prendre un homme, mais n'oublie jamais que là où la chèvre est attachée, elle doit toujours brouter… Je ne t'en dis pas plus, mais pas moins, hein ? » Joséphine avait susurré un imperceptible « oui, mémé ». Que de fois Joséphine a remâché ce conseil de la mémé quand ses relations avec Gino diminuaient à mesure qu'elle se sentait enfin grandir !

À la même époque, elle avait eu à subir les inévitables recommandations de sa mère. Chaque sortie était invariablement ponctuée par d'intolérables rabâchages qui avaient le funeste don de gâcher les débuts de soirée. « Une fille qui traîne le soir risque de traîner le trottoir… Une fille n'embrasse que quand elle est sûre de n'être pas une garce… Une fille qui se laisse tripoter se laissera transporter… Une fille qui dit oui à la légère voit le lit comme passagère… » Joséphine connaissait par cœur ces litanies d'autant plus immondes que, muet, le nez dans son journal, le père approuvait tacitement en hochant la tête. « Pas l'un pour rattraper l'autre », se disait-elle en enfourchant le Solex qui la conduisait vers un havre de liberté si chèrement gagnée.

Quand elle annonça à ses parents que Gino était son amoureux, ils exigèrent de le rencontrer. Puis il fut obligé de venir la chercher à la maison, et à chaque fois elle subissait les mêmes vexations. Le face-à-face entre le père et l'amoureux prenait alors un tour à la limite de la cruauté stupide, inutile et veule.

– Assois-toi, Gino. Tu vas bien trinquer avec le vieux ?

– C'est comme vous voudrez, monsieur.

– Tu vas peut-être bien commencer à m'appeler par mon prénom ? Marcel, je m'appelle ! Entre hommes, on peut bien ! C'est comme sur les chantiers, Gino ! Tu ne dis pas « monsieur » à tes copains, la truelle à la main ?

– Vous n'êtes pas un copain…

– Alors, je suis quoi, hein ? Je suis le père de la fille. Voilà une belle affaire ! Laisse sa mère s'occuper de son éducation. Tu sais, Gino, les femmes, plus on les connaît, moins on y comprend quelque chose. Ta Fifine, tu sais, ça a été cinq minutes de plaisir au lit avec sa mère et vingt ans à se demander si c'est bien moi qui l'ai faite, tellement elle ne me ressemble pas. Alors, Gino, trinque à la santé des femmes, de nos escaliers, de nos chevaux et de ceux qui les montent ! Marrant, non ?

Dévorée d'impatience, Joséphine trépignait dehors, près de la Renault 12 de son amoureux. Elle redoutait trop la tournure que prenait la conversation, attisée par les verres successifs que son père versait pour retenir Gino en attendant que l'alcool le renverse dans un marécage de propos égrillards et déboutonnés. Elle en voulait à Gino de ne pas savoir se lever brutalement et couper court à ces saletés. Elle lui reprochait sa soumission à l'aîné qui lui rappelait brusquement qu'il n'avait que du sang calabrais et que ses enfants ne seraient que des sang-mêlé franco-calabrais. Est-il vraiment le père dont elle rêve pour les petits qu'elle fera plus tard ? À chaque fois que ces tourments surgissaient, elle les chassait vivement, s'en voulant de se sentir mollir ainsi. Elle a choisi Gino. Elle a voulu Gino. Elle le gardera et il sera le père de ses enfants, devant Dieu et les hommes.

Elle a désiré la compagnie de Gino le premier jour de leur rencontre. Elle fêtait ses dix-sept ans à la kermesse du curé de Pringy, autour d'une bouteille de limonade, sous le grand tilleul du clos paroissial. Joséphine avait convié l'arrière-ban de ses copines du village, qui s'étaient laissé glisser vers Pringy par la route de Proméry. Son anniversaire coïncidait avec le jour de la kermesse. Il n'en fallait pas plus pour s'offrir une folie. On ne commanderait pas des verres de limonade, mais une bouteille entière, et l'on en verserait aussi souvent que l'on voudrait ! Ce qui fut fait ! Ou presque fait, car le dernier verre, c'est Gino qui l'a versé. Il tenait encore le mouchoir blanc ourlé de bleu foncé, sorti de la poche de son pantalon noir et lustré. Joséphine était en pleine crise de fou rire, ponctué de bulles de limonade évadées par les trous de nez, quand, surgi de nulle part, le mouchoir de Gino ralentit l'étendue des dégâts. Derrière le mouchoir, il y avait un bras solide, musclé, bronzé et excessivement velu. Au-delà du bras, deux épaules carrées gonflaient la chemise blanche largement ouverte sur un torse puissant et couvert de fourrure noire, où étincelait un médaillon au profil de vierge. Au cœur de tout cela, il y avait Gino et un sourire où l'émotion le disputait au charme carnassier. Prédateur ou solitaire épris de tendresse à partager ? Joséphine n'a pas choisi. Elle a rencontré Gino encore et encore et il n'a jamais rien demandé. C'est elle qui a décidé de donner. Elle a donné la main à la main de Gino, puis sa taille et puis son cou aux bras de Gino ; elle a donné la première bise, le premier baiser, le premier serment, et Gino lui a rendu avec une délicieuse pudeur toutes ces douceurs. Elle avait décidé de ne rien donner de plus à son amoureux tant que leurs intentions ne seraient pas plus précisées. Joséphine avait le temps, tout son temps, et Gino paraissait si confiant ! Elle avait dix-sept ans et lui déjà vingt-deux. Fils d'immigrés de Calabre venus d'abord à Meythet pour construire les premières HLM du village – vite habillé en ville de banlieue –, Gino a grandi au sein de la communauté d'Italiens du Sud. À la mort de son père, il a emménagé avec sa mère et ses frères et sœurs aînés dans des corps de ferme vendus à l'office d'HLM en attendant l'extension de la commune et leur inéluctable disparition. Les frères et sœurs ont grandi. La mama est morte et enterrée dans son village de Calabre. Gino loge en location dans un petit bout de hangar aménagé dans l'entreprise de bâtiment de son patron. À son salaire de maçon, il ajoute quelques rallonges pour la surveillance des engins et du dépôt. C'est ici qu'un soir d'été, il a conduit Joséphine après le bal des conscrits d'Épagny. C'est ici qu'au milieu de la nuit, Joséphine a décidé qu'elle serait son épouse après être devenue sa femme. Et chaque samedi, après un tour des bals de la région ou une soirée au cinéma à Annecy, au Vox, ils reviennent apprendre à se connaître et à se reconnaître dans l'obscurité du petit logement d'ouvrier.

Avec ses économies, Gino a acheté la maison du Créru. Une maison à finir. C'est moins cher. Joséphine y a ajouté son livret de caisse d'épargne et son traitement de fonctionnaire à France Télécom pour rassurer les prêteurs. Dix ans après, la maison est finie. Il n'y a pas d'enfants qui jouent dans le jardin et Gino n'est plus là. Joséphine se laisse capturer par la nuit étoilée qui s'empare de la combe du Viéran. Les feux de Meythet et d'Annecy montent en lueur à l'horizon. Elle repense à ce drôle de bonhomme, à ce Louis de La Combe qui l'a embauchée il y a deux mois. Il y a six mois qu'elle a décidé de demander le divorce d'avec Gino. Pour la première fois depuis leur séparation, elle éprouve le délicieux sentiment d'exister, d'être une femme et non plus la femme de Gino. Le fantôme de Gino s'est estompé pour enfin s'évanouir et déserter cette maison qu'elle aime non plus comme un domicile conjugal mais comme son propre domaine. Elle fait le serment que dès demain elle modifiera les lieux, changera les meubles, la décoration, et bazardera cette épouvantable gondole en plastique bourrée de feux clignotants que les copains de Gino avaient offerte pour leur mariage ! Elle jettera aussi cette horrible charrette en bois peinturluré et garnie de fleurs en papier défraîchi, symbole calabrais de la voiture de la mariée. Elle a envie de raffinement, de beaux objets, discrets et précieux, des dos velouteux de livres précieux, de fleurs fraîches… de tout ce qu'il n'aimait pas et dont elle avait trop tôt fait son deuil. Prise par une soudaine envie de commencer le chambardement, elle ferme la fenêtre et se jette rageusement sur la gondole et la charrette. Voilà, c'est beaucoup mieux ainsi ! Elle oriente l'halogène en direction d'une photographie ancienne représentant le Créru lors des moissons au râteau faneur. Un délice de naïveté, une merveille de réalisme. « Il aimera beaucoup… » Louis de La Combe vient de faire une entrée furtive dans l'univers des choses et des formes de cette demeure, à la seule mise en lumière de la photographie. Joséphine vient de se surprendre à planter son décor en fonction de ce que de La Combe pourrait apprécier. La joute verbale à fleuret moucheté de l'après-midi investit son esprit, reprend corps, se précise. La stature massive et rassurante de Louis de La Combe veille à l'ordonnancement des meubles. « Cet homme exhale une telle culture, une telle sûreté de goût, un tel raffinement dans le débat que même son absence m'inspire… ! » Joséphine n'est plus seule. Une grande ombre la guide. Elle n'est pas agacée par cette sensation de présence indiscrète. Elle est plutôt flattée de l'intérêt que porte son patron à ces métamorphoses ébauchées. Grand Louis est encore plus sympathique ici que là-bas, au bureau. Elle sourit malicieusement à l'évocation de Louis de La Combe en charentaises sur sa moquette, les manches de chemise relevées, une bretelle négligemment abaissée, un rasage incertain… Elle rit même franchement, avec une insolence teintée de retenue. Après tout, c'est son boss, comme elle le nomme quand elle parle de lui à ses anciennes collègues. Elle le respecte d'autant plus qu'il lui a offert l'opportunité de s'épanouir dans un emploi passionnant. Mais ce n'est pas si désagréable que cela de s'offrir un peu la tête du boss ; surtout, ce n'est ni méchant ni divulgué. Ce qui n'est franchement pas désagréable, c'est cette soudaine envie de rire de tout et de peu. Les dernières années avec Gino furent d'un mortel ennui. Le moindre sourire déclenchait chez cet ombrageux des torrents de reproches soupçonneux. Joséphine a appris à taire ses sentiments, à masquer ses jubilations, à oublier la pureté des éclats de rire. Elle a désappris à vivre. En quelques heures de solitude affairée, elle s'est retrouvée malicieuse, espiègle, gamine enjouée, imprévisible, agaçant père et mère jusqu'aux éclats de voix, provoquant la colère de ses professeurs et l'hilarité des autres collégiens. Elle vit. Elle devient ce qu'elle est. Louis de La Combe a supporté cet après-midi ses audaces et son outrecuidance avec une générosité inattendue et une tranquillité indulgente qui l'ont émue. « Grand monsieur », se dit-elle en se préparant un thé à la bergamote.

Grand Louis a quitté son bureau beaucoup plus tard qu'à l'accoutumée. Il s'est surpris à vagabonder, l'imagination en bandoulière. Les taquineries de son assistante ont réveillé de douces images de l'enfance savoyarde. La fraîcheur à peine ingénue de Joséphine l'a embarqué dans une folle sarabande de souvenirs attendris. Enfoncé dans son fauteuil directorial de cuir noir, les jambes allongées et les mains derrière la nuque, Grand Louis a refait le voyage de l'enfance et, cet après-midi, il a capturé des crapauds au pied des grands saules. Il a enfilé son pantalon court en toile marron, ses chaussures en plastique, sa casquette de toile bleue et, pataugeant dans les marécages de la grasse prairie, il a enfilé des pétards dans la gueule béante des malheureux crapauds aux yeux exorbités. Il a rallumé la mèche pour les faire exploser en plein vol, ramassant par la même occasion la tripaille tiède sur le coin du nez ! Il est rentré penaud, trempé, constellé de morceaux de crapauds, et s'est séché auprès du poêle, entre pépé qui se roule une cigarette et mémé qui déchiffre le Pèlerin. Quel bonheur paisible ! Quel contraste avec les décors en verre fumé et acier brossé de son bureau !

Joséphine Chamois a rallumé les braises tapies sous la cendre des souvenirs.

La nuit brumeuse enveloppe la route qui grimpe à Champagne. La Mercedes garée au sec sous la remise, Grand Louis ouvre à son chien fou de joie et s'entrave dans les ondulations du chat. Il aime cette vaste demeure pour un homme seul. Une bûche de fayard dans la cheminée relance le feu qui couvait depuis le matin. Il oublie à cet instant les gestes automatiques des retours quotidiens. Grand Louis ne regarde pas son courrier, n'écoute pas ses messages téléphoniques, n'allume pas l'ordinateur, ne lit pas ses messages électroniques, ne branche pas machinalement la télévision, ne se sert pas une boisson forte, n'ôte pas ses souliers serrés. Grand Louis a envie d'écrire. Il a envie de narrer ses souvenirs d'enfance et de les offrir à Joséphine. Grand Louis est en train d'apprivoiser P'tit Louis, de se glisser dans ses nippes minutieusement ravaudées par la mémé attentive. Comme elle disait souvent : « Si j'avais autant de billets de mille que j'ai rapetassé de guenilles, je pourrais me payer un voyage à Jérusalem ! » Brave mémé, qui espérait ce pèlerinage et qui n'allait qu'une fois l'an à la Visitation à Annecy ! Comme Grand Louis aimerait lui offrir ce voyage aux sources ! Il a les moyens de ses envies et mémé n'est plus là. Elle aurait aussi bien pu dire : « Ah ! comme c'est fait, la vie, c'est bien dégoûtant. C'est quand t'es pauvre qu'il faudrait que tu sois riche, pas autrement... » La sonnerie du thermostat du four chasse les torpeurs de Grand Louis. Le chien a entendu, le chat aussi. En ordre de bataille, chacun à son poste, on attaque le gratin dauphinois écrasé par une côte de porc juteuse. Cuire le porc en même temps que les patates, c'est un truc appris chez mémé. Les patates ramollissent en douceur moelleuse et le porc ne sèche pas.

« C'est du bonheur au coin de la rue », disait pépé. Ou encore, les soirs où régnaient à la maison les querelles entre la République et le clergé, autrement dit entre pépé et mémé, celui-ci annonçait fièrement, un brin provocateur : « C'est bon comme la Sainte Vierge en culottes de velours ! » Mémé se renfrognait un peu plus et pépé lançait à P'tit Louis des œillades complices et malicieuses. Et le temps passait à la cadence des levers et des couchers de soleil, parfois embués par les querelles, souvent illuminés par les douceurs paisibles de l'enfance, loin des psychodrames du territoire des adultes.

Le chien, assis sur sa queue de bâtard de chasse aux papillons, a les deux pattes sur la cuisse de Grand Louis et lui envoie des messages suppliants de gourmand impénitent. Le chat, éternel mal éduqué, est sur la table, balayant les miettes de sa queue. Ce soir, Grand Louis fonctionne au ralenti. Joséphine a rallumé les décors de l'enfance et remonté la boîte à musique des berceuses oubliées. Qu'elle est loin, la tour Montparnasse avec ses ascenseurs intersidéraux à vitesse vertigineuse ! Oubliées, les interminables attentes dans les couloirs du métro à la recherche d'une incertaine quiétude. Le matin, de bonne heure, le métro parisien sent l'eau de Cologne de pacotille et l'encre fraîche des journaux arrachés à la hâte dans les kiosques encombrés.

Le soir, le métro sent la sueur des laborieux et les relents de toutes les cuisines de la planète. Ligne 9, Porte Dauphine-Château de Vincennes. Arrêt Ménilmontant. Les vendeurs à la sauvette, les cabanes de sandwichs merguez-frites, le square où se mêlent les retraités désœuvrés et les chômeurs désolés… Oubliés, ces mondes en souffrance.

Grand Louis dépose sa montre sur la tablette en verre fumé de la salle de bains. Il ressent comme un soulagement. Son poignet gauche est devenu le jumeau du droit. Tous les matins, désormais, Louis de La Combe quitte Champagne quand il veut ; il a cette certitude jubilatoire qu'il sera de toute façon à l'heure. Joséphine a préparé l'emploi du temps quotidien. C'est elle le maître du temps, et lui, le boss, se laisse gagner par l'incommensurable torpeur de l'enfant réveillé par sa mère à l'heure exacte, à temps, sans précipitation. Il a besoin de cette absolue béatitude. Las des servitudes de la direction d'un service parisien, il aspire à une qualité de vie plus proche des valeurs qui ont contribué à construire P'tit Louis. L'empreinte attendrissante de pépé et de mémé, l'exemple idéalisé de sa maman, héroïne de tragédie antique, fragilisée par un sens du devoir maternel quasi mystique, l'aident à repousser une vraie inclination au cynisme. Ce cynisme qu'il considérait à Paris comme la marque indispensable du chef au-dessus des factions et des trafics d'influence, il s'en dépouille de jour en jour.

Non seulement Grand Louis se débarrasse de ce cynisme qu'il arborait comme un attribut de sa fonction, mais il se défait peu à peu des oripeaux conventionnels, travestissements de circonstance. Joséphine, amusée, l'observe à la dérobée. Un matin, il arrive sans cravate ; un autre jour, revêtu d'un blouson de cuir ; de temps en temps, en pantalon de toile rêche, affublé de chaussures montantes en toile. La métamorphose s'opère en douceur. Elle se laisse aller à quelques commentaires flatteurs sur le rajeunissement du personnage. Elle risqua même un matin un impertinent « Monsieur reverdit à vue d'œil… ! » qui ne sembla pas lui déplaire.

Ce soir, en déposant sa montre, il repense à cette remarque de Joséphine et considère dans le miroir ses rides au coin de l'œil qui accentuent la malice du regard. Grand Louis extirpe du tiroir de la chambre une photo d'enfance prise par son vieux copain René, un après-midi d'escapade. Il a une dizaine d'années. Il tient un impeccable garde-à-vous au milieu d'un pré, arborant fièrement une courge géante. La blouse grise de l'écolier et le béret vissé sur le crâne ne parviennent pas à dissimuler un regard pétillant de rosserie et d'espièglerie. Il aime cette photographie. Il y tient. Elle résume tout un pan de vie à jamais révolu. Elle est précieuse.

Les rides accentuent la rosserie et l'espièglerie. Sous les traits de l'homme mûr, P'tit Louis resurgit, et avec lui tout le cortège des souvenirs embaumés. C'est vrai, il se voit reverdir. Mieux, il se sent reverdir. La magie du retour aux sources le transforme. Joséphine n'a pas menti.

Il est tard. Grand Louis n'a pas sommeil. P'tit Louis immortalisé par René le regarde. Étrange sensation d'une confrontation. P'tit Louis va-t-il lui parler ? Et René, qu'est-il devenu ? Louis de La Combe se promet de le revoir. Lui seul peut redonner vie à P'tit Louis et lui rendre la parole. La parole ne peut pas être perdue.

III

La nuit enveloppe le Créru. Le thé à la bergamote refroidit lentement. Il fait bon vivre dans cette demeure en devenir. L'univers de Joséphine se résume désormais à cette maison, à son espace professionnel de plus en plus stimulant et à ces rencontres avec son boss prometteuses d'échanges si enrichissants. Oui, c'est cela, enrichissants. « C'est bien le mot qui colle à la réalité », se dit-elle. Dieu des cieux, comme disait sa grand-mère, que la vie avec Gino – ou plutôt, en même temps que Gino – était morne, fade, mièvre, pâlotte et, finalement, dégradante ! Ménage, courses à Auchan à Épagny, parties de boules avec les amis du dimanche, promenades silencieuses sans aucun partage, absence d'échanges de peur des déconvenues et des contradictions décevantes. Le silence s'installe quand la résignation gagne du terrain. Gino était ravi de posséder une femme aussi complaisante. Complaisante et soumise jusque dans les dédales des coulisses de la vie de couple. Dans les ténèbres de la chambre conjugale, Joséphine a plus retenu de larmes que de soupirs. Gino dormait trop vite, trop bien, trop repu, quand Joséphine restait éveillée, inassouvie et désenchantée.

Un faisceau de phares balaie la grille, en bas, sur le chemin du Créru. Joséphine distingue à peine la forme du véhicule garé.

– Joséphine, t'es là ? Jojo, ouvre-nous tout de suite !

Ses parents se pressent contre la grille électrique. Elle n'ouvrira pas. Non, pas eux, pas aujourd'hui, pas maintenant. Ils n'ont pas le droit de venir rompre le charme de cette soirée inaugurale sur le chemin d'une vie renouvelée.

– Jojo, c'est ton père et ta mère. Nous savons que tu es là. On a vu la lumière. Ouvre tout de suite ! On a deux mots à te dire. Dépêche-toi !

Et quoi encore ? Des ordres, maintenant. À trente-quatre ans, Joséphine a décidé de ne plus recevoir d'ordres de ses parents. Aux ordres des parents, aux ordres de Gino ! Fini, fini ce temps béni pour les autres. Elle est elle-même. Elle traite d'égale à égal dans les badinages courtois avec Louis de La Combe. Elle ne va tout de même pas abdiquer cette force qui est en elle pour complaire à deux égoïstes exigeants et bornés.

Sa mère, agrippée aux barreaux de la grille, s'égosille d'une voix pointue et criarde :

– On sait que tu es là. Ouvre, sinon on appelle un serrurier, les gendarmes, un huissier ! Ouvre ! Marcel, enfonce le portail avec la voiture !

– Lucienne, tu me saoules. Ferme-la. Calme-toi. Si les gendarmes viennent, ils vont t'enfermer à Bassens, chez les barjots.

– Marcel, fais quelque chose, espèce de ramolli du falzar ! T'es comme les crocodiles, t'as que de la gueule ! Jean-foutre !

Joséphine, la gorge nouée et les nerfs à vif, est plaquée derrière la baie vitrée de la salle de séjour, dans l'obscurité. Comme d'habitude et pour toujours, sa mère exsude la névrose. Pauvre idiote qui a subjugué son mari au point d'en faire un toutou sans cervelle, sans cœur et complètement asexué à force de vexations. Elle a envie d'étrangler sa mère et de chasser son père avec mépris. Mais qu'est-ce qu'ils viennent faire ici à cette heure tardive au lieu de se réjouir sincèrement du bonheur enfin conquis de leur fille unique ? Rien compris. Ils n'ont rien compris. Ils ne comprendront jamais rien. Après tout, elle s'en moque. Comme disait la mémé : « J'm'en fous bien pas mal de toutes leurs embiernes… »

Le seul inconvénient, et pas des moindres, c'est que la séance commence à durer et que les lumières des cours voisines s'allument déjà. Joséphine se décide à apparaître au balcon.

– S'il vous plaît, pas maintenant, pas ici, non ! Plus tard, on discutera, mais je vous en prie, pas maintenant ! Rentrez chez vous, je vous téléphonerai.

– Marcel, si tu ne dis rien, c'est moi qui crache le morceau. Allez, tu l'auras voulu…

– Lulu, tais-toi, on reviendra.

– Négatif, amiral des bateaux-lavoirs ! Je n'ai pas fait le voyage pour rien. Joséphine, t'es qu'une roulure, une traînée, tu pisses la honte et tu nous rends malades.

Sa mère a hurlé ces propos orduriers. Joséphine est dévorée d'inquiétude. Les voisins ne vont pas en perdre une miette. Elle les devine l'oreille collée à la vitre en train de commenter le déballage. Ils adoraient Gino, enthousiaste à l'excès quand la Juventus de Turin remportait un match de coupe d'Europe, surtout contre des clubs français ! Ils aimaient par-dessus tout les apéritifs interminables à l'asti spumante et enviaient Gino qui flattait sa Joséphine d'une main d'éleveur, savamment appliquée sur sa croupe. « Quel couple ! se disaient-ils. Une femme parfaite pour un mari, vrai ténor de l'amour »…

Joséphine descend à la rencontre de ses parents.

– Ah ! Quand même, tu viens ouvrir, petite garce !

– Lulu, quand même…

– La ferme, mollasse ! T'es comme une chique devant ta fille. Eh bien, dis-lui, maintenant, ce que tu penses d'elle. Vas-y, crache au bassinet, si t'es une homme…

– Un homme ! Pas une homme, Lulu.

– Pour toi, ça te va comme un gant ! Alors, t'ouvres, Jojo ?

– Non !

– Si t'ouvres pas tout de suite, je te demande de nous rendre tout ce qu'on t'a donné quand tu t'as marié le Gino. Vu ? Tout !

– Tout quoi ?

– Et elle a le souffle de demander, cette fille perdue ! Tout quoi ? La chambre à coucher, le guéridon de la mémé, les clés de chez nous, la poupée gagnée à la vogue de Groisy, habillée de satin rose, les semis de géraniums, les cinquante mille balles pour t'aider à pas crever de faim... Tout, quoi !

– C'est des cadeaux. Gino en a eu droit à la moitié. Va lui réclamer.

– Tais-toi, Marcel !

– Mais je n'ai rien dit !

– Il vaut mieux, mouille-cul ! Le pauvre Gino. Un cocu, roulé dans la farine, trompé ! Hein que tu divorces pour rejoindre ton vieux blet, tout fripé ? Qu'est-ce qu'il a de plus que Gino, lui ? Du pognon, ou alors il en a une belle, plus longue et plus grosse ?

– Lulu, tu exagères !

– J'exagère ? J'exagère ? Tu disais la même chose à tes frangines dimanche dernier, non ?

– Un peu, mais...

– Pas de mais. Tu y as dit. C'est dit !

Écœurée jusqu'à la nausée, Joséphine, en larmes, remonte vers la maison. Elle frissonne.

– Alors, t'en dis quoi, hein, roulure ?

– J'en dis que vous me dégoûtez. Foutez le camp. J'ai trente-quatre ans et le droit de vivre enfin.

– On t'a vue descendre de sa grosse bagnole, l'air d'une sauterelle qui se frotte les pattes de derrière pour mieux chanter. Tu ne veux plus nous voir, hein ? Tu seras bien contente de nous trouver quand il faudra torcher le vieux dans quelques années et que tu en auras marre de sentir sa pisse de prostatique. Bouffe-lui son fric, mais oublie pas de nous rendre le nôtre...

– Allez, viens, Lucienne. Ça suffit comme ça. On rentre.

Joséphine s'est jetée sur son lit, écrasée de chagrin. « On ne choisit pas ses parents, mais eux, ils m'ont choisie, ils m'ont voulue… Pourquoi ? Pourquoi ces horreurs ? »

Le soleil matinal réchauffe les traits dévastés de Joséphine. Un rai de lumière vive l'aveugle. Elle est sur le lit, habillée, déchirée, chancelante, sans énergie. Elle ne peut pas aller travailler. Elle ne le veut pas. Elle n'a ni la force ni le courage de retrouver Louis de La Combe après ce qu'elle a entendu hier soir. Pourra-t-elle à nouveau soutenir son regard ? Pourquoi cet acharnement à salir ce qui n'est qu'une relation amicale ordinaire, certes réconfortante, mais à peine suffisante pour que Joséphine échappe de temps en temps aux lambeaux des souvenirs cotonneux ? Elle est malade de son passé de femme éteinte. Elle est malade de son passé de fille unique et obéissante sans rechigner. Devra-t-elle tomber malade de son présent de jeune femme qui va au-devant de la vie ? Elle ressent avec une violence incroyable l'incoercible besoin de devenir enfin elle-même. En compagnie de Louis de La Combe, elle se sait comprise pour ce qu'elle est, pour ce qu'elle communique, pour ce qu'elle offre d'elle. Cet homme est pure intelligence des êtres et des choses. Sa présence réverbère la tolérance, l'indulgence et aussi une inflexibilité impressionnante face à la médiocrité. Elle aime sa force de caractère et sa grandeur d'âme. Auprès de lui, elle puise confiance et apprend sur elle plus que l'éducation stéréotypée de ses parents ne lui a jamais apporté.

IV

– Lucienne, t'as poussé le bouchon un peu loin tout à l'heure...

– Qué bouchon ? Dis ? Tu n'vas quand même pas laisser ta fille se faire bouffer par un vieux beau amateur de chair fraîche, hein ?

– Ben non.

– Alors, on fait quoi, maintenant ?

– Je ne sais pas bien, tu sais. J'ai point d'idées. Après tout, ce gars, c'est un patron. Il est sûrement plus calé que nous pour causer. On n'est que des petits, à côté...

– T'es devenu fou, Marcel ? Ta fille ! C'est de ta fille qu'on cause. Pas la sienne, et là, tout ce qu'il pourra renâcler, c'est roupie de sansonnet.

– Mais il a encore rien dit ! Tu sais, Lulu, jamais j'aurais pensé sortir de mon jardin pour brasser autant de bouillon. Faut en parler à Gino. Il n'est pas méchant, ce gars-là, juste un peu mal élevé, mais après tout c'est un Calabrais. On ne peut pas trop leur en demander. Il est plus proche de nous que ce type qui est allé aux écoles jusqu'à vingt-cinq ans.

– Ta fille, elle se monte le bourrichon. Elle a oublié d'où qu'elle sort. Fille de paysans partis travailler à l'usine, qui se sont saignés aux quatre veines pour l'envoyer chez les sœurs à Annecy. Voilà le travail ! Maintenant, elle va nous donner des leçons juste parce qu'un monsieur qui a traîné ses guêtres à Paris dans les minissères...

– Ministères, Lulu !

– C'est bonnet blanc et blanc bonnet. Tu vois bien ce que je veux dire ! À force de vouloir péter plus haut qu'elle a le cul percé, elle va déchirer sa chemise, la Jojo.

– Tu ne serais pas des fois un tantinet jalouse, la mère ?

– Jalouse, moi ? Il ferait beau voir ! On a tout, nous. La plus grande maison des Fins, à l'époque où il n'y avait que des prés.

Le plus beau jardin le long de la voie ferrée. Une cuisine intégrée que je me suis payée avec ma prime de départ de chez Gillette. Une auto neuve payée crache…

– Cash, Lulu, cash, sans crédit !

– C'est bien ce que je dis. On a tout. Et qui c'est qui va à la Fête de la bière à Muniche en car pendant trois jours…

– À Munich, sans e.

– Sans qui, eux ? Laisse-moi parler. T'es même pas capable d'en remontrer à tes frangines quand elles viennent mendier des bottes de cardons ou des salsifis. Tu leur payes encore un coup de roussette, à ces mendigotes. T'es un poire, Marcel !

– Une poire, Lulu. Et puis tais-toi, tu me fais enfler le caberlot avec tes discours. Et si elle s'en battait les flancs, la Jojo, de ta cuisine intégrée.

– Pas possibe.

– Pas possibleu, Lucienne.

– Oui, pas possible. Elle était bien contente, quand elle était gamine, de faire griller ses tartines à l'électricité. Moi, de mon temps, on se les faisait griller à coups de pied dans le cul, à la ferme du père.

– Les temps changent, Lucienne. Des tartines, moi, je les prenais en plein museau si je réclamais à table. Les temps changent.

– Peut-être que les temps changent, mais toi, tu ne changeras jamais. C'est quand il faut prendre des décisions que tu te mets aux abonnés absents. Il serait peut-être temps que tu remues ta carcasse, bambanne !

– Tu ne m'as jamais laissé le temps. Il a toujours fallu que tu te mêles de tout et surtout de rien, des rubans du chapeau de la gamine ou du trou du cul du chat. À force, il y en a ras la casquette. Je préfère la boucler plutôt que t'entendre ressasser tes lantibardaneries de quatre sous.

– Oh, dis, qui c'est qui a pris la décision de mettre la mémé à l'hôpital quand elle se sauvait à neuf heures du soir pour aller mettre de l'eau bénite sur le papa au cimetière, qu'elle disait ? Hein, Marcel ? Qui c'est qui est allé voir ton patron quand il a voulu mettre un jeune à ta place au volant du camion, hein ? Et puis, qui c'est qui t'a fait avoir la carte du combattant ? Non mais, si ça avait été que de toi, t'aurais fait ceinture pour la retraite des anciens d'Algérie.

– Pour ce qui est de la mémé, je crois bien que tu t'en es un peu débarrassée. Pas vrai ? Bien contente d'avoir la procuration, au nez des frangines ! Pas vrai ? Pour le camion, t'aurais mieux fait de la boucler, parce que la prime de fin d'année, c'est le jeune qui l'a eue, pas moi. Et la carte de l'Algérie, de toute façon, on l'a tous eue, finalement. Alors ameurte un peu et rabats le caquet, ça va bien.

– Tu vas peut-être me parler mieux, non ? Ça fait quarante ans qu'on est passés devant le maire et le curé, tu ne vas pas te réveiller maintenant, quand même !

– J'ai toujours été bien assez réveillé pour ce que tu demandais au lit. Feignante comme une couleuvre au soleil. Voilà ce que tu as toujours été.

– J'aimais pas tes manières. N'empêche que tu as bien été content quand on a fait la gamine…

– Tu parles ! Une fois par hasard au bout de sept ans de mariage. Tout le reste du temps, c'était l'hôtel du cul tourné.

– Marcel, tu exagères. Tu parles comme un gros caillon. T'avais qu'à en trouver une qui t'allait comme pointure. Et puis, qui c'est qui me dit que dans tes tournées au volant du camion tu t'arrêtais pas en route ? Tu veux que j'en parle à certaines qui avaient chaud au pare-chocs arrière même les hivers de grand gel ? Hein ? Tu ne réponds rien.

– Y a rien à dire. T'es qu'une excitée de la parlotte. Y a que la langue qui chauffe chez toi. Pour le reste, c'est la Bérézina.

– Bérézina toi-même ! J'ai toujours rêvé du prince charmant. À la place, tu savais être gentil que quand t'avais bu un coup avec tes beaux-frères aux jeux de boules. Gentil… deux minutes et hop ! en voiture Simone, le train part. Mets du charbon et fais chauffer la chaudière. Tu crois que c'est une vie pour une femme romantique comme moi ?

– Romantique, mon…

– Ton quoi ? Malpoli.

– Pas plus malpoli que toi quand tu parles à ta fille. Après tout, si son vieux lui fait voir des cartes postales de vacances, eh bien ! tant mieux pour elle et pour lui. Tout de même !

– Voilà que tu te mets à la défendre, maintenant. Faudrait peut-être voir à voir. Ça y est, j'ai la migraine maintenant. Demain j'irai au docteur pour qu'il me donne un remède qui a des couettes.

– Adéquat, je pense.

– Fais ton malin. T'es comme moi, tu n'as que le certificat d'études. Et encore, tu t'es pointé ce jour-là avec un saucisson et une bouteille de blanche pour l'inspecteur. Tu te rappelles peut-être pas ?

– C'est le père qui avait insisté. Il avait eu le permis de conduire comme cela, le pauvre vieux. Il a cru que ça marcherait pour le certificat ! N'empêche que le saucisson et la blanche, on les a emboqués tranquille avec les copains du canton ! On a bien fait. J'ai toujours été bon en français. En Algérie, c'est moi qui tapais à la machine les rapports du lieutenant. T'en dis quoi ?

– J'en dis que c'est pas les bicots qui pouvaient le faire. Tandis que moi, j'ai continué à l'école ménagère, après le certif.

– C'est pas là-bas que t'as appris à gigoter au lit ! Je me marre !

– Tu me dégoûtes, Marcel. Plus tu vieillis et plus t'es cochon. Il n'y a plus un repas avec les frangines et les beaux-frères sans que cela se termine par des grossièretés.

– Ça y est, on est arrivés. Alors ? On fait quoi avec ta fille et son vieux machin ?

– On va tâcher moyen de le voir.

– T'iras toute seule.

– Non, Marcel. On fait qu'un devant l'adversairité.

– L'adversité, sans doute ?

Le captif

D'âge en âge on ne fait que changer de folie.
(Anonyme.)

I

C'est en songeant à René que Grand Louis s'est mis en route ce matin. Les premiers feux de l'automne éclairent délicieusement les taillis sous futaies qui bornent l'horizon vers Frangy : l'« aurore aux doigts de rose ». Cette sublime métaphore lui rappelle les cours de grec au lycée Ampère, à Lyon. Louis a conservé de cette époque lyonnaise des souvenirs émus et très fortement ancrés dans sa mémoire. Son professeur de lettres classiques fut un de ces personnages essentiels qui dessinent à force de conviction contagieuse et de monumentale culture les contours de l'âme des adolescents. Paul Savinel a été un exemple, un modèle, un de ceux à qui on aimerait ressembler. Les Lettres à Lucilius de Sénèque ou Les Grenouilles d'Aristophane se muaient en enchantements renouvelés. Savinel racontait comment les petits élèves des orateurs attiques, assis à même le sable du gymnase, y imprimaient la trace de leur postérieur nu, à force de rester là, muets d'admiration ! Quelle franche rigolade ! Le professeur de latin-grec regardait ses élèves, ses disciples, par-dessus ses lunettes déposées au bout du nez très pointu et légèrement rosé. L'œil pétillant et malicieux, il observait à la dérobée les réactions des potaches, rougeauds de confusion, leurs fronts luisant des perles de sueur des fous rires rentrés ! Et voilà comment on peut apprendre à aimer la littérature antique et s'en imprégner à jamais jusqu'à ce qu'elle resurgisse sur la route de Frangy ! De Paul Savinel, le maître, à René, l'éternel complice des escapades de l'enfance, il n'y a qu'un pas tant l'un comme l'autre tiennent une place à part dans le cœur de Grand Louis. René, sous une armure d'humble, pétri dans la modestie des sages, respire la générosité des sentiments et la pureté des pensées. Il fut, tout au long des années d'enfance et d'adolescence, le compagnon de P'tit Louis. Grand chasseur de vipères, habile pêcheur d'écrevisses, René, grâce à sa patience et à son savoir-faire, a initié son copain à la ferronnerie et au travail à la forge. Ces deux travaux d'art délient les mains et élèvent l'esprit.

En traversant Bonlieu, Grand Louis se promet de revenir visiter les vestiges de l'abbaye. Un imposant corps de ferme voué aux travaux agricoles dissimule des trésors d'architecture romane savoyarde. Les péripéties de l'histoire, l'oubli des générations successives n'ont pas eu raison des restes de l'abbaye. La structure des bâtiments s'est si bien adaptée aux besoins des exploitants qu'une vie profane s'est installée sur les lambeaux de la piété de ce qui fut un lieu de solitude voué à la spiritualité. Tout petit, Louis avait promis à ses grands-parents qu'il serait « professeur des histoires » pour leur donner la leçon ! Il a entamé de solides études d'histoire avant de bifurquer vers la gestion publique, mais cette musique qui vibre au tréfonds de son imagination lui rappelle cette passion pour le passé. Passion raisonnée, car le passé ne l'intéresse qu'en ce qu'il permet de mieux percevoir le présent et d'anticiper, si possible, l'avenir. L'histoire confère l'indispensable dimension humaniste propre à la réussite de sa carrière. En arrivant à La Balme-de-Sillingy,

Grand Louis décide qu'il est vraiment un homme heureux, gonflé de fierté en considérant de loin le château de ses ancêtres ! Il sait qu'un jour il racontera l'histoire de sa famille à Joséphine ! On verra bien.

À l'approche de Metz-Tessy, la circulation automobile est de plus en plus dense et les abords de l'avenue de France ressemblent franchement à la place de la Concorde à neuf heures du matin ! Les hauteurs de Vignières et la silhouette massive des grosses maisons des hauts d'Annecy-le-Vieux, adossées aux rebords du Parmelan, lui procurent un bien-être tout de légèreté et d'enthousiasme d'enfant gâté.

La Mercedes rangée, Louis de La Combe se laisse envelopper par l'arôme puissant des feuilles de sycomore jaunies par l'automne ou blanchies par le soleil naissant. Il est tout simplement bien. Heureux. Pourquoi pas bienheureux ? C'est ce qu'il savoure suavement : « Je suis le bienheureux Louis de La Combe ! »

Mollement enfoncé dans le cuir noir de son fauteuil, Grand Louis attend patiemment la venue de Joséphine. Elle lui présentera le programme de la journée qui commence, lui fera un compte rendu de la journée écoulée ; ensemble, ils consulteront le parapheur avant de décider s'il doit ou non signer tel ou tel courrier immédiatement ou remettre à plus tard ses décisions. Depuis l'arrivée de Joséphine, il a pris acte de sa volonté de s'impliquer personnellement dans le fonctionnement du service. Il n'hésite pas à la consulter, selon le vieil adage qui affirme que l'on est plus intelligent à plusieurs. Jamais, à Paris, il n'aurait laissé à quiconque le soin de lui suggérer un choix. Patron, il tranchait. Point barre ! Joséphine lui offre une finesse de jugement qui le réconcilie avec la collaboration professionnelle des femmes. Elle a le don de « sentir » la bonne résolution et de la suggérer avec délicatesse et à-propos. Après ces opérations préparatoires, ils boiront ensemble le thé matinal. Louis de La Combe attend. Joséphine est en retard. Agacé, il cherche sa montre. Elle est restée sur la tablette de la salle de bains. Elle lui manque. Il est nu, sans sa montre. Hier soir, il voulait s'en séparer. Aujourd'hui, en l'absence de Joséphine, cet oubli l'irrite au plus haut point. Grand Louis appelle son secrétariat, demande l'heure. Ces dames, complaisantes, lui en apportent une. Il refuse. Il ne veut que la sienne. Non, ce n'est pas la montre qui fait défaut. C'est Joséphine. Il le sait. Contrarié, courroucé, il quitte son fauteuil et se poste près de la grande baie vitrée qui donne sur les garages en plein air. Il lui faut voir arriver Joséphine. Il la guette, nerveux. Toute concentration lui est interdite. Aucune pensée positive ne lui vient en aide. Hors de lui, il peste contre cette faiblesse qui semble lui ôter toute estime de soi. Jamais, à Paris, il n'aurait ressenti cette gêne. Calé aux baies du cinquante-sixième étage, par beau temps, il embrassait une partie de l'Île-de-France, devinait sans peine les contours de Versailles et apercevait la tour hertzienne de Romainville. Du haut de cette vigie, il reprenait force et énergie. Il régnait.

Mais là, chez lui, blotti au creux des terres de son enfance, soudain il s'effrite, se ramollit, miné par l'absence de son assistante, sapé par l'impatience, érodé par le doute. Perdrait-il en autorité et maîtrise de soi ce qu'il est en train de gagner en harmonieuse qualité de vie ? Il se met à détester P'tit Louis, encombrant petit frère, accaparant, envahissant esprit qui, du haut de ses dix ans, le béret vissé sur le crâne, se glisse là où il ne l'attend pas. Ce petit bonhomme incrusté dans sa chair est lourd à porter. Est-il condamné par un implacable destin à vivre avec cet autre soi-même, instillé dans chaque repli de la peau, dans chaque circonvolution de son cerveau ? Grand Louis se souvient d'une réflexion de son maître Paul Savinel : « Chaque homme porte en lui-même une part du fardeau de l'humaine condition… » P'tit Louis est-il devenu un fardeau ? Faut-il s'en débarrasser ? Si oui, comment ? Excédé, las de scruter le flot des automobiles, Grand Louis se met à crier sa colère et invective P'tit Louis à voix haute : « Fous le camp, bon Dieu, mais fous donc le camp ! Tu n'en as pas marre de me coller aux fesses depuis tant d'années ? Mais qu'est-ce que j'ai fait pour que tu ne me laisses pas un moment de répit ? Retourne chez toi, dans les prés, dans les saules, au bord du Viéran... Va aux patates avec tes potes, ramasse le crottin du cheval de pépé et épluche les navets chez mémé, mais, je t'en supplie, fous-moi la paix ! Laisse-moi tranquille avec l'image sainte de ta maman de Bibliothèque Rose. Laisse-la dormir tranquille ! Elle n'en a pas assez bavé pour que tu la sollicites encore et encore et tous les jours, hein ? Dis-moi, t'en as pas marre ? »

Les larmes inondent le visage défait de Louis de La Combe. Il est éreinté de chagrin.

Les poings serrés, bras repliés, le front sur le bureau, il reprend le flot des invectives, fulmine, tempête, veut achever P'tit Louis qui lui résiste : « J'étais bien, sans toi, à Paris. T'as pas eu le courage de venir là-bas, hein ? Trop grand pour toi ? T'as eu la frousse de perdre ton âme dans les couloirs du métro. Paumé que tu étais. Jamais vu le P'tit Louis là-bas. T'es resté bien calé entre la cheminée qui ronfle et les genoux de la mémé. Si jamais les Parigots qui travaillaient avec moi t'avaient connu, ils se seraient marré rien qu'à voir ta blouse grise et ton béret, tes galoches et tes grandes chaussettes ! P'tit Louis, t'es qu'un babian qui fait illusion. Sorti de ton trou savoyard, t'es obligé de jouer au comédien pour t'imposer ! Et là, je reviens au pays, tranquille comme Baptiste pour terminer pépère ma carrière, et qu'est-ce que je retrouve sur mon chemin, dans les plis de mon costume, dans mes tiroirs, partout, quoi ? Qui c'est que je retrouve ? Toi, vingt dieux. C'est pas Dieu possible. Tu vas me gangrener la cervelle longtemps encore ? Tu vas me les repasser combien de fois, les films de ton enfance ? Tu ne vois pas ce que tu es en train de me faire devenir ? Une poule mouillée, un ramollo, un orvet flasque, un courbaturé des sentiments ! T'es content ?... »

Une insistante sonnerie de téléphone arrache Grand Louis à sa pitoyable lutte contre P'tit Louis. Il enclenche l'interphone. C'est la standardiste du service.

– Monsieur de La Combe, mademoiselle Chamois vient de prévenir qu'elle est souffrante. Elle ne vient pas aujourd'hui.

– A-t-elle donné des détails ? Que se passe-t-il ? Elle n'a pas demandé à me parler ?

– Mais, monsieur, vous avez donné des ordres pour que l'on ne vous dérange pas avec ces questions administratives !

– Oui, mais tout de même, je l'attends, moi, Joséphine !

– Pardon, monsieur. Elle n'a pas insisté. Au revoir, monsieur.

– C'est cela, au revoir !

Que se passe-t-il ? Non, ce n'est pas possible. Joséphine ne peut pas ne pas demander à parler personnellement à son patron. Non, vraiment pas ! Il s'est passé quelque chose de grave. Mais quoi ? Louis ne sait, en fait, que si peu de choses d'elle. Elle divorce, certes ; ce n'est pas la mer à boire. Il connaît, et bien. On en sort, tout de même ! Un accident sur la route du Créru ? Non pas. On le saurait déjà. Un accident de trajet, cela se sait tout de suite. Et puis, lui, le chef, aurait été le premier informé. Une indisposition passagère ? Ce n'est pas du tout le genre de Joséphine, dure au mal, jouissant d'une santé de fer, suffisamment mordue par le virus du travail pour venir même sur une patte. Et puis, quoi, enfin, elle paraît si à l'aise en compagnie de son boss ! Grand Louis est de nouveau rongé par le pressentiment de quelque chose d'important ; le doute s'installe. Il faut entendre Joséphine. Un mot, une phrase d'elle l'apaiseraient. Il a besoin d'être rassuré. Tout de suite.

– Mademoiselle, passez-moi, je vous prie, mademoiselle Chamois.

– Elle est absente ce matin, monsieur !

– Je le sais, bougre de dégourdie !

Il regrette son impatience et ce mot de trop. Il reprend :

– Pardonnez-moi. Appelez-la à son domicile.

– Monsieur m'a traitée de bougre de dégourdie. Vous abusez, monsieur, mais je comprends. Il y a des gens qui comptent plus que d'autres... ! Veuillez patienter.

Louis est confit de confusion. En un instant, il vient de mesurer combien ses attentions à l'égard de Joséphine ont déjà empoisonné les relations dans le service. En surface, la mer est calme ;

en profondeur, les poissons ne dorment plus. La petite phrase de la standardiste est assassine.

– Mademoiselle Chamois, monsieur !

Et elle ajoute, avec une pointe d'ironie :

– Pour vous, monsieur.

– Joséphine, c'est vous ? Que se passe-t-il ? Je vous attends. Venez vite…

– Rien de grave, monsieur, juste un peu de fatigue accumulée ! Vous ne m'épargnez guère. Je ne suis pas accoutumée à assumer de telles responsabilités. J'ai juste besoin de récupérer un peu… Quelques jours y suffiront. Ne vous inquiétez pas.

– Mais, Joséphine, pourquoi ne pas m'en avoir parlé avant ? Mais si, je m'inquiète. Mais pourquoi n'avoir rien dit ? Que se passe-t-il ? Dites-moi. Ce n'est pas possible. Je vous ai quitté rayonnante. Vous ne pouvez pas avoir craqué comme cela, sans raison…

– Laissez, monsieur, je vous assure. Un peu de repos et tout ira mieux.

– Mais qu'est-ce qui ira mieux, Joséphine ? Qu'est-ce qui ne va pas ? Vous voulez des aménagements d'horaires, des tâches différentes, une personne pour vous aider ? Demandez, Joséphine, et vous aurez. Je veux vous retrouver rapidement.

Louis de La Combe laisse apparaître son désarroi. Il en fait trop. Il le sait, et pourtant il ne peut pas raccrocher aussi vite. Il a besoin de l'entendre. Il a besoin de savoir. Il veut tout savoir. Il s'acharne.

– Joséphine, répondez-moi franchement. Qu'ai-je fait ou pas fait qui vous a contrariée à ce point ?

– Eh bien ! soit ! Sachez, monsieur, que des murmures enflent dans le service…

– Quoi ?

– Des bruits répugnants, des ragots nauséabonds…

– Au fait, s'il vous plaît. Je vous en conjure !

– C'est difficile à exprimer. L'équipe des secrétaires nous prête une liaison. La standardiste colporte dans notre dos. Vos hommes de confiance se vautrent dans les grossièretés et vous traînent dans la boue...

– Ce n'est pas possible, Joséphine ! Nom de Dieu ! Je n'ai rien vu, rien entendu. Êtes-vous certaine de ce que vous avancez ? Ce n'est pas vrai ! Dites-moi que ce n'est pas vrai !

– Attention, monsieur ! Les projets en cours risquent de capoter à cause d'eux. Rappelez-vous, lors de la dernière réunion de service... Vous avez proposé un séminaire à Saint-Pierre-de-Chartreuse...

– Et alors ?

– Et alors, qui a émis des réserves lorsque vous avez évoqué un transport en car pour tout le monde, sauf nous deux qui les rejoindrions avec votre voiture ? Rappelez-vous ! Qui ?

– Napoli ?

– Oui, Napoli. Et qui est Napoli ?

– Je ne vois pas.

– Napoli est mon futur ex-beau-frère !

– Votre quoi ?

– Mon beau-frère jusqu'à la conclusion de mon divorce. J'ai très tôt obtenu de reprendre mon nom de jeune fille dans le service.

– Vous êtes de famille avec Napoli ! Je n'avais pas fait la relation avant de vous embaucher. Vous ne m'en avez jamais parlé !

– Je ne suis pas de famille avec Napoli. Plus, du moins. Si je ne vous en ai pas parlé, c'est que je craignais que ce soit un obstacle à mon arrivée chez vous. Napoli veut ma perte et la vôtre. La place est intéressante. Il a la pointure et est très en cour au ministère. Voilà, vous savez tout ou presque.

– Le « presque » est sibyllin, Joséphine.

– Déballage pour déballage, allons-y ! Le père de Napoli est un voisin de mes parents. Il a inventé un sombre épisode de déplacement dans votre voiture pour colporter une histoire abjecte, répugnante, abominable, que mes parents, à l'affût des rumeurs croustillantes, ont aussitôt montée en épingle.

– Je suis effondré, Joséphine. Napoli est une ordure. Il veut ma place. Il se sert de vous. C'est dégueulasse. J'aurai sa peau.

– Cela m'étonnerait. Attention, monsieur ! Napoli est un proche de Maldini, à la direction générale. Leurs familles sont originaires du même village en Italie. Leurs grands-pères sont venus ensemble comme charbonniers dans les forêts de l'Ain, à Hauteville, dans les années vingt, en plein fascisme mussolinien.

– Plus je connais les hommes et plus j'aime mon chien !

– Peut-être, mais je ne vois pas comment je puiserais la force de pousser à nouveau la porte de votre bureau. Mes parents sont venus chez moi hier soir me couvrir d'insanités ineptes.

– Ineptes, avez-vous dit ?

– Non, monsieur, ordurières. J'en suis malade. Comment faire le deuil de ses parents alors qu'ils ne sont pas morts ?

– Je vais les rencontrer…

– Horreur ! Autant apprendre à marcher à un cheval de bois ! Ne perdez pas votre temps. Je vais vous remettre ma démission et demander ma mutation loin d'ici.

Halluciné par une telle perspective, Louis de La Combe hurle sa douleur.

– Jamais, Joséphine ! Vous m'entendez ? Jamais. Nous ferons front. Nous nous battrons à deux contre eux tous. Joséphine, ne me quittez pas. J'ai besoin de vous. Vous m'aiderez à mettre mon gentil P'tit Louis au placard et à reprendre les armes. J'ai appris, je sais faire, je ne voulais plus. Tant pis ! Il le faut. Battons-nous, chère Joséphine !

Ce « chère Joséphine » a fait monter les larmes chez la jeune femme. Est-elle vraiment l'instrument d'une machination de Napoli pour venger son frère délaissé et détruire Louis de La Combe ? Joséphine pleure. N'est-elle pas plus simplement responsable de tout cela, par ingénuité et innocence excessive ? C'est vrai qu'elle s'est mise à revivre auprès de Grand Louis. Elle a repris confiance en elle. Elle s'est rapprochée de l'image qu'elle entend refléter d'elle-même. Louis de La Combe lui a redonné de l'épaisseur, de la consistance. Elle n'a pas réfléchi à la traîtrise des relations professionnelles. Elle se sent piégée et a la certitude d'avoir piégé Louis en même temps.

Le retour à Champagne est un calvaire, un chemin de croix, un supplice. La montée depuis Frangy est un Golgotha. Grand Louis vient de connaître une des journées les plus noires de sa carrière brillante et sans aspérités. Lui aussi songe à démissionner. Il demandera son détachement à l'Éducation nationale, enseignera l'histoire à des potaches et terminera en roue libre. Il lui est inconcevable que les terres de son enfance puissent dissimuler autant de chausse-trappes. Terre bénie où tout n'est que luxe, beauté, calme et volupté – pour paraphraser le poète –, sa terre savoyarde ne peut être que lavée de ces souillures. Y a-t-il seulement ici-bas une oasis de plénitude sereine ? Faut-il vivre avec un revolver entre les deux omoplates ? Faut-il se garder à gauche et à droite avant d'entrer dans son bureau ? Chaque collaborateur se dissimulerait-il derrière un adversaire potentiel prêt à toutes les manœuvres vicieuses ? Non, ce n'est pas possible ! Napoli, un traître ? Joséphine est en plein fantasme. Mythomanie de femme en plein divorce ? Pas Joséphine ! Une jeune femme si équilibrée, si délicate et réfléchie, exemplaire en tous points. Ou bien alors, elle a été manipulée par le clan des Italiens. Grand Louis se perd en conjectures. Il souffre comme une bête blessée, les flancs ensanglantés, à l'agonie dans une fondrière.

Négligeant le chien et le chat, il se jette sur le téléphone et appelle Joséphine. Absente. Il actionne frénétiquement la touche bis durant de longues minutes. Toujours rien. Angoissé, paniqué, il veut la rejoindre. Il cherche sa montre. La récupère et la remet au bras gauche. La rejoindre ? Mais où ? Non. Il va lui écrire. Lui dire tout ce qui pèse depuis si longtemps et l'empêche de vivre autrement que comme un obsessionnel, obnubilé, envoûté, persécuté, maniaque à force de repousser l'inéluctable. L'inéluctable et imparable logique de ses sentiments s'impose à Grand Louis. Enfin, il sait et elle doit savoir. Grand Louis aime Joséphine. C'est irrépressible, indomptable. Oui, il aime Joséphine Chamois ! Elle doit savoir. Il lui écrit.

II

Joséphine n'est même pas soulagée d'avoir dévoilé à Louis de La Combe toute cette machination répugnante qui l'écœure, lui donne la nausée, la glace. Sa grande maison vide et froide, silencieuse et soudain hostile, l'effraie. Les fantômes agressifs de Gino et de ses parents étirent leurs ombres sur les murs obscurcis par la nuit tombante. Elle sort sa voiture du garage, met le chauffage à fond et part droit devant elle. La route de Proméry à Pringy, puis la descente sur Annecy et les lumières du soir ne calment pas ses angoisses. Elle regrette ses révélations, n'aurait pas dû parler de ses parents. Elle s'est trop dévoilée à Grand Louis. Elle pense à lui. Elle pense à cet être infiniment sensible et certainement très fragile. Bifurcation par Meythet et direction Chaumontet, puis Frangy. Elle monte à Champagne. Elle a besoin de rencontrer son patron, de le voir, de l'approcher, de le humer pour mieux s'imprégner de ses pensées secrètes, de ses sentiments. Loin de lui, elle est happée par un redoutable sentiment de solitude. Sa voix grave et voluptueuse, ses regards malicieux, ses jeux de mots, ses mots d'esprit, ses pirouettes verbales, ses narrations aux raccourcis plaisants sont des tranches de bonheur, d'oubli de la médiocrité. Louis de La Combe est un être chevaleresque. Même en chemise débraillée, le juron au bord des lèvres, il n'est jamais négligé. Il met de l'élégance dans les plus insignifiants moments de l'existence. Joséphine recherche sa compagnie. Aujourd'hui plus que jamais.

La Mercedes n'est pas au garage. Elle est garée le long du grand portail de la grange. La ruelle centrale du hameau est déserte. Une petite lumière perce à peine entre les volets de l'étage. Joséphine gravit lentement l'escalier de pierre qui conduit à l'entrée. Repartira-t-elle sans avoir revu Louis ? Joséphine hésite à frapper. Le doit-elle ? Peu importe toute la route parcourue. Elle peut encore rebrousser chemin, revenir se terrer au Créru, prendre un somnifère et dormir, dormir pour oublier, peut-être. Elle croit percevoir son souffle à travers les vantaux de bois. Elle plaque son visage contre la porte ; il lui semble respirer son délicat parfum d'homme soucieux de son allure, homme de goût, racé, subtil, formidablement attachant. Elle ne frappe pas. Elle entre. La grande cuisine est vide. Le chat lui passe entre les pieds en se faufilant voluptueusement, avec majesté. Dans la pièce voisine, la lumière transpire à travers les carreaux dépolis en verre jaune foncé de la porte à deux battants. Un chien jette un aboiement d'impatience et de curiosité. Louis de La Combe, son boss, est là, dans cette pièce. Il ne l'a pas entendue. Le chien insiste. Raclement de chaise sur le carrelage. Une grande ombre se profile derrière les carreaux de verre.

– Totor ! Tais-toi ! Tu veux sortir ? Viens, grand dadais à son maîmaître !

Joséphine a volé un moment d'intimité entre le maître et le chien. Elle est honteuse.

– Joséphine ! Mais comment êtes-vous entrée ?

– Par la porte, cher monsieur ! Par la porte, comme un courant d'air…

– Joséphine, vous n'êtes pas raisonnable. Tous ces kilomètres pour…

– Pour vous voir, monsieur. N'est-ce pas ce que vous souhaitiez ?

– J'écrivais, Joséphine, j'écrivais. Je ne sais plus que dire. Votre visite est la récompense de ma passion… euh, pardon ! de ma patience ! Voilà que je bafouille !

– Je n'en suis pas convaincue. Vous vous jouez trop bien des mots pour vous laisser abuser ! Magicien du verbe, voilà que vous écrivez maintenant ?

– Chère Joséphine, l'écriture est une jubilation, mais aussi une délivrance, une psychothérapie ; elle aide à exhaler les parfums de l'âme et met en bouquet les fleurs cueillies sur les pourtours du cœur. Sentez, respirez cette feuille de papier ! Elle fait s'évaporer les plus subtiles fragrances distillées par mon esprit. Elle est un philtre. Elle laisse à l'alchimiste des mots le soin de parler.

– Mais de quoi ?

– De vous, Joséphine. De vous !

Louis dépose la feuille sur son bureau et entoure précautionneusement les épaules de Joséphine, qui s'était approchée de la table de travail. Elle laisse reposer lentement sa tête sur l'épaule de Louis. Se reprenant un court instant, ils se regardent droit dans les yeux. Ils pleurent silencieusement, puis, de nouveau rejoints, ils sanglotent tous deux sans retenue, ivres de rancœur à l'égard de la horde des salauds qui les souillent, ivres de bien-être, profondément cachés au fond de cette maison amie et complice. Le chat, en majesté, la queue en l'air, se repaît de ces deux corps rapprochés qu'il enroule de ses ondulations. Le chien, irrité, rendu jaloux par cette intimité, se mêle à eux, dressé contre son maître.

– Joséphine, je vous invite à dîner !

– Pas chiche !

– Pois chiche au menu ? Que dites-vous ?

– Gamin, va !

– Je connais une petite auberge, à la Combe, pas piquée des vers et des hannetons !

– Il est bien trop tard !

– Taratata ! Un coup de fil et branle-bas de combat ! Le Serge va rallumer les fours pour son lointain cousin. Direction Sublessy. L'heure est aux folies. Soyons fous, Joséphine !

– Je suis folle, Louis !

– Je vous emmène, Joséphine. Totor, mon chien, garde votre voiture !

L'auberge de la Rippe se niche dans les hauts de Sublessy. Serge a largement éclairé la cour de la ferme. La Mercedes se coule silencieusement dans un recoin.

– Salut, ami Sergio ! Ce soir, c'est fête au village. Louis de La Combe, descendant des preux vassaux des ducs de Savoie, invite sa gente dame à des ripailles pantagruéliques !

– Adieu, le Louis ! Tu mangeras ce que je te donnerai. Ni plus, ni moins ! Je vous ai fait un saucisson chaud aux pommes de terre de derrière les fagots. Tu m'en donneras des nouvelles, vieux mécréant ! En entrée, c'est jambon de montagne et salade de l'alpage. Content, pas content, c'est pareil. Et tu as intérêt à goûter à une roussette de Seyssel ou une mondeuse de derrière Montmélian, sinon, dehors la compagnie !

– Banco ! Tu prends l'apéritif avec nous. Dégoupille-nous un petit vin de noix. Et que ça saute !

Grand Louis est transporté de bonheur. Il a sa Joséphine tout pour lui, rien que pour lui. Il a quinze ans et a envie de dévorer la vie comme un affamé, comme au temps des escapades avec René à la conquête d'une fondue à vous faire péter la sous-ventrière !

Joséphine, ravissante, moulée dans un superbe pull rouge rehaussé d'une broderie marquée « Esprit » en fils plus foncés, arbore un discret collier en or à deux rangs. Ensemble discret et présentation incontestablement élégante. Elle plaît énormément à Louis. Son regard pétille malicieusement. Elle réverbère le bien-être et la sérénité.

La salade à la bourrache est divinement accompagnée par une péclette de Corbonod, vin rare, délicatement fruité tout en conservant force et vigueur. Les coups d'œil furtifs de Serge avivent sa fierté d'avoir concocté un menu savoyard aussi surprenant. Le vin blanc de Savoie appelle une mondeuse légère et chantante pour accompagner le saucisson chaud aux pommes de terre, cuit à point, juste un peu résistant sous la dent.

– Joséphine, votre présence et votre compagnie m'enchantent. Je crois avoir confusément souhaité cette rencontre depuis une éternité. J'en ai désormais la certitude. Je n'ai rien fait pour précipiter cet événement. Il s'impose avec un naturel si touchant que j'en suis bouleversé. Dans mon ermitage de Champagne, j'ai pensé si souvent dans la douleur de la solitude au moment de vous retrouver que j'ai peine à croire en ce miracle.

– N'exagérons rien, Louis. Je regrette de vous avoir importuné avec mes histoires de famille. Votre réaction me trouble et m'émeut, mais est-elle à la mesure d'une désastreuse banalité ? Je suis en plein divorce, en plein désarroi, en plein dépit face aux réactions de mes parents, et vous, vous allez si vite dans les emballements de votre nature généreuse ! Laissez-moi du temps. Je surnage à peine.

– Je veux vous aider, ma chère amie. Laissez-moi le temps de vous aider. Je vous supplie de m'accorder cette grâce.

– Votre amitié est un secours. Votre discrétion sera un service que vous saurez me rendre. Je veux quitter le service, Louis. Je veux m'éloigner de ces langues venimeuses qui m'ont salie. Ma connaissance approfondie de l'anglais va m'aider à me resituer, à me projeter vers d'autres horizons. Je me sens salie. Il me faut me nettoyer loin des horizons coupables.

– Non, Joséphine, c'est moi qui pars. J'ai déposé une demande de détachement dans mon corps d'origine. Je retourne à l'Éducation nationale. Dans trois ou quatre mois, j'enseignerai l'histoire à des mioches moins éreintants que les cadres du service. C'est fini, Joséphine, fini ! Je jette l'éponge. À cinquante ans, je termine en roue libre. Vive la liberté !

– Vous ne m'aviez jamais parlé de votre âge !

– Moi, je connais le vôtre ! J'ai épluché votre dossier de carrière. Vous pourriez être ma fille, Joséphine ! Je vous fais peur ?

– Sûrement pas ! Si la sagesse, la générosité et la bonté sont l'apanage de votre âge, alors avouez-le sans rougir. J'en reprendrais bien une tranche !

– Merci.

– Pas de quoi, c'est la vérité. J'ai horreur des travestissements, surtout de ceux de la pensée. Il vous manque quelques cheveux, et quelques rides barrent votre front, mais toute votre jeunesse vient du dedans, là, bien au fond. Moi, j'ai vu !

La mondeuse a disparu avec un morceau de reblochon des Aravis, crémeux à cœur et à souhait. Serge est aux anges. Il ne perd rien des bribes de conversation qui s'effilochent en direction de la cuisine. Son vieux Louis est tout « bouligué » par cette petite. Sacré Louis, impénitent poète et diseur de bonne aventure.

Il ne va pas tarder à lui lire les lignes de la main, à sa petite marmotte ! « Eh bien ! voilà, c'est fait ! Qu'est-ce que je vous avais dit, cré Diou ? » marmonne Serge, penché au-dessus d'une mousse au chocolat souple comme une première neige.

Grand Louis a légèrement effleuré la main de Joséphine, du bout des doigts. Elle se laisse capturer sans résistance. Serge, tapi dans sa cuisine, lit les mots de Louis de La Combe au bord de ses lèvres ; il essaie d'en saisir le sens avant qu'ils ne s'évaporent dans la tiédeur de la pièce. Joséphine, tête baissée, rassemble les miettes de pain sur la nappe avec sa main libre, les aligne, les organise en subtiles arabesques, et Serge guette, ému, ce monologue murmuré. Parfois, Joséphine hoche la tête, approuve pour mieux refuser, repousse les petits tas de miettes sans jamais cesser de fixer la nappe. Louis est tenace. Il ne lâche pas la main de la jeune femme et, tandis qu'elle persiste à ne pas redresser la tête, il la fixe avec insistance, faisant assaut de persuasion. À l'instant où finalement tous deux éclatent de rire, Serge se précipite avec la jatte de mousse au chocolat !

– S'cusez-moi de vous importuner, m'sieurs-dames, mais la « mouche » au chocolat, cha n'attend pas !

– Pardon, Serge, vas-y mon belin, régale-nous, monchu !

La mousse au chocolat est un régal des yeux et un plaisir des sens…

– J'ai une idée, Joséphine !

– Oui ?

– En attendant mon départ définitif, je vous charge de remettre en ordre les archives du service : tout trier, classer, répertorier, étiqueter, ranger ; préparer des fiches documentaires, diffuser le nouveau plan de classement de l'information. Il y en a bien pour trois mois à temps complet. Vous vivrez seule au fond du silo d'archives, loin des regards de travers et des supputations de mauvais aloi, éloignée de mon bureau, déchargée de vos fonctions habituelles. Nous ne nous verrons qu'en dehors du service. Non ?

– Du temps, Louis, il me faut du temps. Comprenez-vous ?

Laissez-moi réfléchir. Votre proposition est agréable, mais vous vous emballez. Vous réfléchissez à la vitesse du cheval au galop. Vous pensez pour moi. Vous me dictez les pages de ma vie. Laissez-moi les écrire toute seule. Tout va si vite avec vous. Je suis hors d'haleine à essayer de vous suivre. C'est exténuant ! Comprenez-moi, je vous en prie.

– Acceptez, Joséphine. Acceptez vite. Dès demain, je diffuse une note de service. Dans trois jours, vous réintégrez l'entreprise. La tempête va se calmer. Le vent va tomber. Je vais envoyer Napoli en inspection annuelle dans les régions. Vous voulez, bien sûr ?

– Comme vous y allez ! Et si je ne suis pas d'accord ? Vous m'exilez à la direction régionale de la Guyane, peut-être ?

– Peut-être, et je vous y rejoindrai !

– Vous, en Guyane ?

– Pari tenu. Je connais. Il y a vingt ans, j'ai demandé ma mutation pour Cayenne. J'ai effectué de nombreuses missions là-bas. Plus indien d'Amazonie que moi, vous ne rencontrerez pas !

– Réponse à tout ! À quoi bon ? D'accord pour les archives, mais à l'essai pour quinze jours. C'est à prendre ou à laisser, Louis !

– Banco, petite étoile des neiges ! Sergio, on lève le camp. Tu es le phénix de la bouffe de nos montagnes. Ne laisse pas refroidir, on reviendra bientôt.

– À r'vi, les amoureux… de la bonne chère. Revenez quand vous voulez. Grand Louis, t'es ici comme chez toi, seigneur de La Combe !

– Ferme ta boîte à malices, Serge, tu en fais trop. Allez, bonne bourre !

Le retour à Champagne est une cure de silence. Grand Louis se plaît à murmurer : « Après Mozart, c'est encore du Mozart… » Joséphine ne répond pas. Elle est malmenée par la soudaineté des propositions de Louis. Du temps, il lui faudra du temps pour digérer cette vague submergeante. Elle est gagnée par un soupçon d'irritation. Une parole pressante de plus de la part de Louis et l'agacement ternirait cette belle soirée.

À peine sortie de la Mercedes, Joséphine est déjà au volant de sa voiture, moteur en marche. Elle ne laisse aucun répit à Grand Louis, appuyé à la portière…

– Louis, vous êtes un envoûteur. Je n'ai peut-être pas compris tous vos tours de magie, mais je vous promets de ne pas me laisser ensorceler aussi facilement ! Du temps, Louis, du temps ! À bientôt, et grand merci pour cette brillante prestation.

Après avoir apaisé le chien et le chat, Grand Louis se précipite à sa table de travail. Feuillets et stylo sont en désordre. Le chat, greffier à ses heures, a mis son nez dans la littérature. Les traces de pattes du matou ne l'inspirent pas. Grand Louis reprend avec fièvre la plus brûlante déclaration qu'il ait jamais écrite.

L'exil

Il faut connaître avant d'aimer.
(Pierre-Claude Nivelle de La Chaussée,
L'École des mères, 1744.)

I

Champagne, le 21 septembre,

Petite étoile des neiges,

Quatre heures du matin. Concerto d'Aranjuez, puis la 5e Symphonie de Beethoven qui m'envahit, me capture, m'emporte, me plonge dans les tourments et les désirs de réussites ambitieuses et grandioses. L'andante me détend. Cette musique ressemble à nos terres savoyardes que nous dégustons ensemble. Sous une apparente fragilité, elles camouflent une subtile détermination à enchanter. Elles vous ressemblent. Leur force vient de l'épaisseur des siècles et des profondeurs de la terre.

Sonate n° 14 en ut dièse mineur, opus 27, n° 2, Clair de lune. L'accompagnement fluide et ininterrompu contraste avec la tristesse des notes douloureuses de la mélodie.

Fenêtre ouverte. L'air sent le foin mouillé. Des effluves de feu de bois parfument la pièce d'où je vous écris. La nature est boudeuse. Je suis tristement paisible. Il vient de se passer entre nous quelque chose d'étrange, presque indicible, une cristallisation des sentiments. Je crois en vous, Joséphine. Dieu, que nous fûmes maladroits, enthousiastes et tendrement hésitants comme deux enfants enchantés et troublés ! Quel subtil mélange de précaution et de hardiesse mal contenue… ! Que d'impatience affolante et de patience rassurante ! Notre attachement donne du sens à nos deux vies.

Que votre soudaine absence est brutalement désespérante ! Pourtant, je n'ai pas le droit de me lamenter. Tout n'est que du plus, et quel plus ! Prenons ce plus. Joséphine, je vous aime.

Je ne puis vous le chanter poétiquement. Je ne maîtrise pas la poésie. Vous êtes ma poésie. Je ne vous maîtrise pas non plus. Sereinement paisible. Je donne du temps au temps. Il est allé si vite, le temps de ma vie. Que le temps de nos amours soit toujours plus radieux dans la durée ! Je suis tout entier dans ce que je vous écris. Impudique et retenu. Joséphine, ce qui m'étreint est beau, pure merveille, diamant. Quel élan, quel allant, quelle fougue, quelle passion me dévorent ! Vous êtes l'aurore aux doigts de rose caressant le vieux faune endormi, le réveillant à coups de perles de rosée et le recueillant, conquis, terrassé, au creux de votre main. Tant de joie profonde, de bonheur bouleversant ont raison de ma carapace de vieux sceptique somnolant. Décillant les yeux, je vois la lumière douce et me mets à rêver d'une humanité aux teintes de ma Pénélope gracieuse… Pastel et irisé subtil. Rareté faite beauté. Dame blanche de mes nuits sombres. Aurait-il de l'émotion, ce vieux faune ? Ce n'est qu'une perle de rosée tapie au coin de son œil ! Vivement bientôt ! Joséphine, je vous aime.

Votre Grand Louis de La Combe.

Le Créru, le 19 octobre,

Louis,

Émue, troublée… Énormément.

Déstabilisée, mais heureuse… Oui !

Effrayée… Un peu.

Fautive, coupable… Aussi.

Je ne suis plus sûre de rien, je ne sais plus, les sentiments se mélangent en moi. Ou plutôt, si, je sais. Je sais, mais tout s'effondre autour de moi, en face de vous. Il faut pourtant que vous sachiez. C'est la seule raison de cette lettre.

J'ai peur, Louis. Pas peur de vous, mais de moi. J'ai confiance en vous, beaucoup plus que je ne crois en moi. J'ai peur de mes réactions. Votre gentillesse, votre romantisme, votre tendresse me font chavirer. Votre sensibilité a rencontré la mienne. Vous avez su trouver la faille… Je n'ai pas le droit de vous y laisser entrer. Je ne peux pas. Je ne veux pas. Je ne suis pas prête. Le serai-je un jour ? Dieu seul le sait, et encore.

Je choisis la raison plutôt que le cœur. Je ne veux pas vous faire souffrir, vous faire espérer plus longtemps.

Je me souviendrai de votre charme, de votre sensualité, des moments doux et forts où le temps s'est arrêté. Moments exquis. Vous m'avez demandé si j'avais déjà brisé des cœurs. Sincèrement, je ne crois pas. Vous êtes le seul que j'ai laissé approcher depuis mon mariage raté. Mes sentiments sont-ils aussi intenses que les vôtres ? Permettez-moi d'en douter. La clandestinité, ce n'est pas pour moi. Et puis, vous l'avez dit, notre relation est une vraie course d'obstacles.

Louis, j'ai mal de vous faire mal. Pardonnez-moi. Je ne peux, je ne veux être qu'une amie.

Joséphine.

Champagne, le 30 octobre,

Très chère Joséphine,

Les cieux me sont tombés sur la tête et le sol s'est dérobé sous mes pieds. Depuis la perte de ma chère mère, je n'avais plus ressenti cet état de chagrin et de désarroi, de vide, de solitude – en un mot, d'échec.

J'ai tremblé comme un damné à la lecture des très belles et sincères pages que vous avez cru bon m'envoyer. J'ai lâchement songé à disparaître de cette terre, désespérant d'une aube meilleure qui ne viendrait plus. Plutôt que de m'en remettre à un funeste destin forcé, j'ai voulu faire un pèlerinage au château de mes ancêtres. Et là, oui, là, j'ai pris conscience de l'épaisseur des siècles, de la vanité des orgueilleuses espérances, et j'ai médité sur le prix des choses et la valeur des sentiments.

Je suis allé à La Balme et, sur les traces des écuyers des ducs de Savoie, j'ai franchi à pied la pente qui mène à l'antique ferme forteresse. De la gloire passée, il ne reste qu'une tour et un blason martelé par le temps ou les hommes ingrats. Il y a deux siècles et demi, ruinés et désespérés, les derniers des grands nobles de la lignée ont laissé ces pierres aux mains des riches bourgeois d'Annecy et, lassés des égoïsmes de l'histoire, s'en sont allés remâcher leur amertume dans une masure de Sublessy. J'ai pensé à eux et j'ai cherché un regain de courage.

Joséphine, je suis victime d'une hypertrophie de bonheur ayant provoqué une rupture sentimentale cérébrale… ! J'ai le cœur en fauteuil roulant.

Mon vieux cœur ratatiné s'était pourtant interdit toute nouvelle entreprise de conquête, inopportune, malséante. Et puis, vous êtes arrivée, comme une apparition de la Dame blanche les soirs de grands brouillards au bord des marais forestiers. Vous avez illuminé mes ténèbres. Chère étoile des neiges qui brille au firmament de mes rêves, je viens de réaliser que je ne suis qu'un pauvre mortel harassé sur le chemin caillouteux des illusions chimériques. Je suis pêcheur d'étoiles, buveur de Voie lactée, avide d'impossible éternité, conquérant de l'inutile.

Joséphine, j'ai besoin d'être heureux ! J'ai envie d'être bouleversé et bouleversant. J'ai du chagrin, trop de chagrin de m'être trompé alors que je ne croyais jamais être déçu au milieu de mes bois, en compagnie de mon chien. Ma poitrine se regonflait comme jamais et un océan de tendresse déversait des lames de bonheur pour une petite sirène.

Parlez-moi, écrivez-moi. Je ne veux pas vieillir loin de vous. Je vous en prie.

Un Grand Louis dévasté.

Champagne, le 22 décembre,

Tendre bourreau,

Il y a une éternité que je vous ai écrit. Je perds le boire, le manger et le sommeil. Il pleut sur Champagne comme il pleure sur mon cœur... Ne vous moquez pas, Joséphine, d'un pauvre hère qui se désagrège. Par la complaisance de votre médecin, vous avez réussi à échapper à la reprise du travail. Dans le service, on ne parle que de votre dépression nerveuse. On murmure que vous êtes atteinte de troubles psychologiques, que votre famille vous cache dans je ne sais quelle clinique en Suisse.

Mais moi, je sais que vous vous terrez au fond de la ferme de votre tante, là-bas, loin, à Saint-Pierre-de-Chartreuse. C'est Napoli qui vous a aperçue lors d'une inspection à Grenoble. Il en a profité pour repérer les lieux de notre prochain séminaire de service. Il a pris la télécabine des Essarts, à Saint-Pierre, et vous a aperçue à la ferme du Batour, en train de cheminer sur le sentier du Carrelet. Dès son retour, triomphant, il s'est précipité dans mon bureau – qu'il espère sien dans les mois à venir. Je sais que votre courrier suit. Je sais que vous me lirez, Joséphine. Joséphine, je vous aime.

J'avais pris la résolution de ne plus vous écrire, par crainte de ne devenir qu'un harceleur stupide et inacceptable. Je ne résiste pas. L'explosion de mes sentiments n'est que la sublimation de mes pensées intimes. C'est une éruption. Je traverse une épreuve initiatique. Je veux vous aider à passer ce cap et vous regarder grandir à mes côtés. Mes intentions sont pures au cœur du jardin de mes émotions. Il me semble que l'on s'est rencontrés il y a des millénaires, que l'on peut tout s'avouer. Vous êtes en plein trouble, ma Joséphine. Vous accédez à mon invitation au restaurant, puis vous prenez la fuite au volant de votre voiture, et enfin vous vous dissimulez en pleine Chartreuse.

Qu'elle est douce, la Chartreuse, à l'ombre du Grand Som, cher aux pères chartreux ! Qu'ils sont doux, les regards que j'ai pu porter sur vous ! Joséphine, je vous rassure. Même dans les instants de grande émotion, au plus près de votre souffle, jamais je n'ai pensé une seule fois que vous pourriez finir dans mon lit. Jamais ! C'est trop vulgaire. On ne comble pas un puits de tendresse avec des soupirs d'assouvissement. Je ne suis pas un amant en puissance, je suis un pauvre type en panne de bonheur. J'ai besoin de vous, petite gentiane des alpages de Chartreuse.

Louis.

Le Batour, 21 janvier
(date anniversaire de la mort de Louis XVI...),

Monsieur de La Combe,

Saint-Pierre-de-Chartreuse est au creux d'un vallon veillé par des ombres indulgentes. Le Grand Som, le Charmant Som, Chamechaude, la dent de Crolles, et j'en passe, ne sont jamais hostiles. Du lever au coucher du soleil, leur nature est bienveillante et me fait tiède à l'âme. Les jours succèdent aux jours et je me mire dans le miroir des sources de Combenoire, que j'atteins, hors d'haleine, après des heures de marche exténuante. Je ne fais rien. Ou plutôt, si. Je passe des heures attablée dans une petite auberge blottie le long du chemin qui conduit au centre du village. Je lis vos lettres en me gorgeant de glace verdâtre à la chartreuse ! Je renais, monsieur de. Je me métamorphose. La chrysalide devient papillon. Est-ce une renaissance ? Je vous sais gré de tout me dire. Vos confidences me pèsent parfois. Qui êtes-vous, monsieur de La Combe, qui prétendez me connaître depuis des millénaires ? Je ne sais que si peu de vous. Vous avez été un enfant terrible des prairies de notre Haute-Savoie, puis un étudiant rebelle de Mai 68, un Indien d'Amazonie, un « cadre-costume trois pièces » à la direction générale de France Télécom, un historien passionné... Il faut suivre ! Il faut parvenir à vous suivre ! Vos trajectoires intellectuelles sont vertigineuses et vous voudriez que le monde entier soit bon, juste et d'accord avec vous. Vous parlez d'initiation comme un mage du Moyen Âge, de secrets d'État comme un agent double. Mais qui êtes-vous donc, Louis de La Combe, qui vous réclamez de vos preux ancêtres partis à Venise ou aux croisades ? Et moi, dans tout cela, je dois comprendre avant que vous n'ayez fini d'expliquer. Vous ne faites décidément rien comme tout le monde, jamais les choses à moitié. Dois-je vous détester ou vous admirer ? Qui peut vous comprendre quand, fort comme un chêne de la forêt de Sallenôves, vous quémandez juste un peu d'amour ?

Qui peut m'expliquer pourquoi j'ai fui, un soir de restaurant à Sublessy ? Comment faire comprendre que le désir de me blottir dans vos bras, ce soir plus que jamais, m'a poussée loin de vous ? Il n'y a pas de hasard, Louis. Il n'y a que de troublantes coïncidences entre nos deux vies sevrées des charmes de la douceur. Tant de choses auraient pu faire que l'on ne se rencontre jamais ! Et l'on s'est croisés. Et l'on s'est frôlés des mois sans se voir. Un jour, on s'est vus et on s'est reconnus. Ne gâchez pas, Louis, par votre impatience, ce que la vie écrit désormais pour nous. Laissez-moi du temps, rien que du temps.

Votre étoile des neiges qui reprend des couleurs.

Champagne, le 14 février,

Étoile des neiges, mon cœur amoureux…

… est pris au piège de vos grands yeux ! Chère et tendre Joséphine, à quand le jour où, vous serrant dans mes bras, je passerai à votre cou une croix d'argent, gage de mon amour ? Savez-vous que mon vénéré grand-père, Juste de La Combe, ne terminait aucun repas de famille sans entonner fièrement Étoile des neiges et Les Allobroges, hymne de notre patrie savoyarde ? Peuple fier, race de seigneurs, les Allobroges ont opposé une résistance si héroïque aux légions de César qu'il en vint finalement à composer avec eux, gardiens des cols alpins, maîtres des passages enneigés. Joséphine, nous descendons des Allobroges, insoumis et résolus. Laissez-moi à mes délires et pardonnez ces digressions. Ils sont les témoignages exubérants du ravissement qui m'étreint. Je piaffe, ma Joséphine, et sais tout à la fois patienter. En ce moment de cœur en friche soudain refleuri, m'accorderez-vous une faveur ? Joséphine, ma Joséphine, mon étoile des neiges, puis-je vous tutoyer ? Que cette requête soit entendue comme une connivence entre deux êtres qui se sont trouvés et qui, désormais, peuvent tout se dire, avec la complicité d'un grand frère et d'une petite sœur. Dites-moi oui, Joséphine…

Votre vieil ours mal léché.

Paris, le 22 avril,

Vieil ours mal léché,

Allez, monsieur de La Combe, tu peux me tutoyer ! J'avais tellement envie de te le demander, depuis si longtemps. Foin des ronds de jambe et des courbettes frissonnantes ; j'ai envie de me lâcher. Tu commençais sincèrement à me lasser avec tes formules empesées à la Musset migraineux. Digne héritier des Allobroges de ton pépé Juste, le ton compassé de tes déclarations ne correspondait pas au sabreur que tu es, pourfendeur d'idées reçues, avaleur de Far West, affamé qui pense en homme d'actions et agit en homme de pensées ! Laisse-toi aller et dis-moi tes passions avec les mots voraces qui fuient entre tes canines. J'aime ton impatience contenue et ta maîtrise étrangement étudiée. Oui, monsieur Grand Louis, comme tu le vois, je suis à Paris. J'ai tardé à t'écrire car je sais ta fidélité et tu dois compter sur la mienne. Le temps n'est qu'un paramètre négociable. J'ai erré de Saint-Pierre-de-Chartreuse à Lyon, chez des amis d'enfance, le temps de demander et d'obtenir un congé sabbatique. Je suis à Paris, à l'hôtel pour quelques jours, histoire d'une virée au Louvre et au musée d'Orsay, et je m'envole pour trois mois aux États-Unis, chez ma meilleure amie d'enfance. Arrête, grand fou… Je te reviendrai vite. Ma copine vient d'avoir son quatrième enfant et entend bien me faire jouer les baby-sitters à plein temps ! Rien de sulfureux ! J'ai repris goût à la vie à mesure que je sondais la grandeur de tes sentiments et la sincérité précautionneuse de tes serments. Je pars aux États-Unis afin de terminer une toilette de cerveau qui me ramènera à toi toute proprette dans la tête. Pas mal, non ?! Vieil ours mal léché, j'irais même jusqu'à t'embrasser tendrement si j'étais vraiment sûre que tu ne sombres pas dans des fantasmes inavouables. Patiente, vieux frère, l'étoile des neiges ne perdra pas un cristal ni ne fondra loin de toi ! Alors, d'accord, on se lâche un peu, monsieur de La Combe ? On se la joue plus proche de Michel Audiard, Alphonse Boudard ou Pierre Perret que d'un Musset plaintif ou d'un Hugo larmoyant ! Distrais-moi, tendre ami. Fais-moi lire le talent de ta prose que je sais être encanaillée. Tu trouveras mon adresse au bas de ce document. À tchao, bonsoir !

Ta Joséphine qui t'ai… dera toujours !

Champagne, le 1er juin,

Ma perle de rosée,

Je ne te remercie pas de m'accorder le tutoiement, car tu es bien capable de te moquer de mes usages très « vieille Savoie », n'est-ce pas ? Dis donc, petite écervelée, oublies-tu que je descends en ligne directe des de La Combe de La Balme d'Angeville, autrefois possessionnés des environs d'Annecy jusqu'aux lointaines terres du Bugey ? Non mais, roturière insolente, vas-tu baisser les yeux devant le seigneur de Sallenôves et de La Combe réunis ? On aura tout vu. Ah ! tu veux un saupoudrage de Boudard, d'Audiard et de Pierre Perret. D'abord, ces géants de la prose gouailleuse du pavé banlieusard sont inimitables. Et de deux, je te prie de ne pas me comparer à qui que ce soit. Je suis inimitable. Vu ? Maintenant, on peut causer. Petite fleur de la Mandallaz, tu m'as fait chavirer. À la manière de… J'ai le palpitant qui bat la breloque, les éponges ratatinées comme des nénés de nourrices sèches et les ramasse-miettes qui n'arrivent plus à essorer les larmes de mes pauvres mirettes. J'ai sauté du radeau de la Méduse et je décanille plein pot vers ma bien-aimée. Belle Joséphine, ton vieux birbe est en train de reverdir à toute vibure. Gare à toi ! L'ours a fini d'hiberner. Il a faim ! Bon, alors, ça te va, cette parlotte de vieille croûte qui a les crocs à force d'attendre sa mie ? Non, décidément, même si je sais employer la manière de…, je préfère laisser à d'autres le soin de nous distraire. Moi, Grand Louis, quand j'exprime mes sentiments à mon étoile des neiges, je ne puis user que des mots qui viennent de l'âme, via le cœur et l'esprit. Tant pis. C'est à prendre ou… à prendre ! Pourquoi suis-je soudain si serein et paisible ? C'est de ta faute. Tout est de ta faute. C'est bien fait pour moi, en tous les cas ! Alors, comme cela, tu es aux États-Unis et en congé sabbatique ? Et après ? Où iras-tu ? Hein ? Tu ne sais pas. Moi, ce que je sais, c'est que j'ai tiré ma révérence à la maison France Télécom. Oui, ma douce et belle insolente. À la rentrée de septembre, je serai en détachement à l'Éducation nationale. Prof d'histoire pour finir sur l'estrade une carrière commencée en amphi. C'est-y pas rigolo, tout cela ? Élève Joséphine Chamois, dites un peu à monsieur le professeur de La Combe depuis quand les Savoies sont-elles devenues françaises. Et qui a dit : « Nos cœurs vont où coulent nos rivières » ? Hein, jeune fille ? Vous viendrez à Champagne dans ma bibliothèque réviser l'histoire de votre patrie, et gare aux châtiments en cas de dissipation ! À quand la première leçon ?

Au fait, Joséphine, ma belle égérie, j'oubliais encore de te demander si tu as enfin vendu ta maison du Créru. Je sais que ton divorce est prononcé. Après tant de mois d'errance solitaire, où poseras-tu enfin ton joli pied ? Je connais sur les hauteurs de Frangy une immense demeure abritant un chien, un chat et un ours solitaire qui recueilleraient bien volontiers une étoile des neiges sans domicile fixe. Belle arche de Noé, non ? Le chien peut se transformer en carpette moelleuse, le chat en napperon précieux et le vieil ours en agneau attendri. Ainsi, avec en plus une étoile des neiges magique, l'arche de Noé serait à l'abri du déluge. Poétique, non ? Imagines-tu une étoile des neiges à la taille finement dessinée et au regard pétillant rendre au jardin ses couleurs, à la cheminée ses flammes dansantes, au chien son entrain, au chat son éloquence et au vieil ours mal léché son allégresse enfouie ? Moi, j'aperçois tout cela sans peine. On dirait que cette maison appartiendrait à un descendant de la noblesse savoyarde et on l'appellerait la Seigneurie ! C'est rigolo, non ? On verra bien.

San Antonio, le 14 juillet,

Vieil incorrigible,

En ce jour de fête nationale, j'ai appris les premières mesures de la Marseillaise à mes bambins ricains, joufflus, gavés de hamburgers-ketchup. Je te raconterai de vive voix ma vie quotidienne de baby-sitter frenchy. Ma copine oublie chaque jour un peu plus sa langue maternelle, mais n'a rien perdu de son accent de Savoyarde pur fruit-pur sucre. C'est désopilant ! Je lui fais répéter du patois de chez nous avec l'accent traînant et les inflexions « chewing-gumeuses » de San Antonio. Cela mérite le détour ! Trêve d'humour texan. Monsieur Grand Louis de La Combe, vous êtes un vieil incorrigible, impénitent, incurable ; que dis-je, un cas désespéré d'entêtement persistant. Je t'autorise à me tutoyer et tu m'installes déjà dans ta Seigneurie de Champagne. C'est une sacrée trajectoire ! Tu devrais t'inscrire pour lancer les fusées yankees à Cap Canaveral. Droit dans le mille et sans bavure ! Cela gênerait-il monsieur de laisser son étoile des neiges respirer un brin, souffler un tantinet, réfléchir toute seule comme une grande et décider de son avenir à sa guise ? Tu n'en as pas marre de te faire des films en Dolby stéréo sur l'écran géant de tes pensées secrètes ? Et si j'y avais aussi pensé, à ce destin feutré et confortable entre un chien, un chat et un ours ? Et si j'avais eu aussi envie de t'en parler ? Et si cette tranche de vie m'appartenait un tout petit peu plus qu'à toi ? Alors, laisse du temps au temps, siouplaît ! « On verra bien », qu'il disait tout le temps, le P'tit Louis dont tu m'as parlé. Il était drôlement sage, lui. D'accord ?

Joséphine.

II

Joséphine a atterri le 12 août à dix-huit heures à l'aéroport de Lyon - Saint-Exupéry, en provenance de San Antonio via New York - John-Fitzgerald-Kennedy et Paris - Charles-de-Gaulle. Grand Louis de La Combe a rangé la Mercedes au parking P2 à dix-sept heures. Il a acheté Libération, Le Progrès de Lyon, un ballotin de chocolats Voisin, et s'est rendu tranquillement près de la sortie de la salle des bagages S1. Le vol en provenance de Paris est à l'heure. Joséphine est une des dernières personnes à sortir, précédée d'un chariot quasiment inutile tant ses bagages sont maigres. Il a enfilé un polo bleu marine marqué du crocodile et un pantalon de toile gris clair aux poches cloutées. Joséphine porte un pantalon de cotonnade blanche, la taille serrée par un ceinturon à tête d'Indien, un débardeur noir à fines bretelles, brodé au fil d'or d'un I love you scintillant. Ses cheveux mi-longs sont retenus en arrière à l'aide d'une pince en corne, laissant dégagées les oreilles ornées de boucles créoles. Elle est somptueuse, majestueuse, épanouie, toute de charme évanescent malgré la durée du voyage. Discrètement remaquillée à la dernière minute, elle apparaît à Louis dans le halo d'une splendeur éthérée. Vingt ans les séparent. Il est suffoquant de fierté, d'orgueil et d'émotion. Il surprend des regards furtifs d'hommes attirés par sa Joséphine. C'est vers lui qu'elle se dirige, vers lui seul. Elle est là pour lui. Il est là pour elle. Une longue étreinte follement étourdissante les dérobe aux mouvements de la foule. Ils se découvrent pour la première fois au terme d'un interminable voyage initiatique à la recherche d'eux-mêmes. Ce ne sont pas tant les certitudes de leurs sentiments ni la sensualité de leur étreinte qui les rapprochent, mais la myriade de projets communs. Ils ne sont pas tant bouleversés par leurs retrouvailles que par tout ce qu'il leur reste à bâtir, à deux, en parfaite adéquation fusionnelle. Le moment est enfin venu. Ils ne sont qu'un parce qu'ils ont pris le temps de se comprendre, de s'apprendre, de s'imprégner l'un de l'autre. Vingt ans les séparent et ces vingt années sont le ciment de leur relation. Au terme de leur étreinte pudique, Louis de La Combe lui glisse, timide et bouleversé : « Heureusement qu'on s'a… »

Dans un grand éclat de rire, ils rejoignent la voiture main dans la main. À plusieurs reprises, Louis a voulu l'embrasser, et chaque fois Joséphine s'est dérobée. « Non, Louis, maintenant on a toute la vie… » Comme une môme excessive, Joséphine a grignoté le ballotin de chocolats Voisin tout en glissant quelques bouchées entre les lèvres de Louis, appliqué à la conduite sur l'autoroute A40. Sortie Éloise, direction Mons et Frangy. Rond-point à droite et montée sur Champagne vers la Seigneurie. Les chocolats ont suffi à calmer le semblant d'appétit.

Joséphine, lovée dans un peignoir de Grand Louis, douchée, les cheveux humides et épars, pieds nus sur les carreaux rougeâtres du salon, fait mine de se réchauffer face à la cheminée éteinte. Elle s'imprègne du parfum d'homme exhalé par le vêtement léger. Louis vient se serrer contre son dos et glisse lentement les bras autour de sa taille tout en lui mordillant l'oreille droite avec gourmandise, malgré les créoles qui ajoutent à l'élégance du sage déshabillé. Joséphine tend le cou en arrière et trouve les lèvres de Louis. Ses rugueuses mains d'homme rompu aux travaux de la campagne explorent délicieusement les formes généreuses de sa belle, dont tous les muscles se relâchent peu à peu. Joséphine est de plus en plus fragile et goûte voluptueusement aux câlins affectueux et protecteurs de cet homme qui la désire sans précipitation ni impudeur. Elle aime sa sensibilité et ses émotions contenues, respectueuses des ondulations de son corps de femme toujours tourné face à la cheminée.

Le moment est éternité. Lentement, elle pivote dans les bras de Louis et vient se serrer contre lui, devinant ses émotions d'homme, retardant habilement l'instant de rompre la sensualité des caresses qu'elle reçoit tels des apaisements prodigués à l'enfant qu'elle est en ce moment. Grand Louis la ressent petite fille en mal de tendresse. Repoussant ses tourments, il la cajole, caresse ses joues, lui embrasse le cou, dénude délicatement une épaule, pose un baiser et rajuste aussitôt l'étoffe légère du peignoir. Sans impétuosité excessive ni brusquerie déplacée, ce vieil ours mal léché dessine de ses mains rassurantes le corps de sa compagne avec la passion gracieuse et vaporeuse de l'aquarelliste. Quelques larmes discrètement effacées éclairent le regard de Joséphine. De sa vie, jamais aucun homme n'a effleuré son corps avec autant de passion confessée et de subtile sensibilité. Elle se prend à aimer cet effleurement au point d'espérer qu'il ne cesse de sitôt. Dieu que son homme est doux, attentif, émouvant, aimant à souhait ! De baisers prolongés en étreintes savamment sensuelles, Joséphine éloigne la petite fille chagrinée et cède la place à la femme baignée de désirs. Son regard tout à l'heure sagement attendri se fait plus perçant, même si les yeux mi-clos fuient vers les rivages de la félicité. Loin de fondre dans l'amollissement tiède des cajoleries de Louis, son corps se fait hardi, aventureux, déterminé et vigoureux. Elle ôte la chemise de Louis, libère la ceinture, se fait plaintive et se veut exigeante. Lui enserrant la taille, il la conduit lentement vers la chambre bleue, celle qui est tournée vers le levant et bientôt sera inondée de soleil.

Un rai de lumière impalpable comme une plume ébauche légèrement le dessin des formes de Joséphine. Elle s'est abandonnée sur le dos, le bras droit replié sur sa poitrine généreuse dans le clair-obscur de la pièce. L'imperceptible clarté effleure le duvet de son ventre doré et vagabonde sur le haut des jambes, paisiblement allongées sur l'étoffe bleu ciel. La jambe droite, légèrement repliée, est posée sur celles de Louis. La lente errance du soleil vient à jeter quelques éclats mordorés sur les trésors intimes de cette compagne qui vient d'offrir à l'homme de sa vie ce que d'autres lui avaient maladroitement ravi autrefois. L'amour s'est arrêté dans cette chambre bleue et a touché de sa grâce deux êtres profondément épris qui maintenant savent que désirs et plaisirs ne se conjuguent qu'avec respect et délicatesse au service exclusif de l'autre.

Tandis que Joséphine sommeille paisiblement, la poitrine à peine soulevée par un souffle léger, Louis fixe le plafond obscur et médite. Son grand corps massif aux formes lassées par les ans l'a trahi cette nuit à plusieurs reprises. Il peine à chasser de sinistres angoisses. Des angoisses typiquement masculines. Des interrogations et des doutes. Vingt ans le séparent de Joséphine. Elle pourrait être sa fille. Il le lui a habilement avoué le soir de leur tête-à-tête chez Serge à l'auberge de Sublessy. Ils n'en ont jamais reparlé. Le fardeau est pesant. Avait-il simplement le droit de convoiter cette jeune femme ? Leur relation devenue liaison sera toujours voilée par l'ambiguïté du regard des autres. Il aime passionnément Joséphine. De quel amour ? Mais, après tout, y a-t-il des degrés dans l'amour ? « Certes non », se dit-il.

« Je l'aime pour ce qu'elle est et pour ce qu'elle représente. Elle est le miroir de ma sensibilité. Sa gaieté, sa bonne humeur, la douceur de ses propos, le velours mélodieux de sa voix, son incomparable sens de la bonne question au bon moment, bref, l'intelligente discrétion dont elle fait constamment preuve sont autant de signes rassurants. Mais saura-t-elle concevoir la grandeur de cet amour sans la vigoureuse manifestation des passions ? Son cœur est avide de tendresse, son âme est attirée par l'absolu de mes sentiments exclusifs, son esprit se nourrit à la source de nos conversations édifiantes. Mais patientera-t-elle lors de la quête incertaine d'ivresses improbables ? La sincérité de ses sentiments suffira-t-elle longtemps encore à éloigner les tourments de sa chair ?

« Après tout, hier soir, cette cheminée éteinte auprès de laquelle elle faisait mine de quérir de la chaleur, n'était-ce pas moi, tout moi ? À mesure que grandissait l'émoi de mon cœur, je sentais lentement s'affadir l'enthousiasme frissonnant de mes sens. Plus je cajolais la petite fille fragile et moins je désirais brusquer la femme aimante. Et c'est elle, oui, c'est elle qui m'a sans ménagement attiré vers le lit. Je n'ai pas su décrypter à temps le désir de femme qui s'est mis à poindre sous l'enveloppe de la petite fille blottie… »

Grand Louis est tiré de la profondeur de ses pensées par un imperceptible mouvement des hanches de Joséphine. Elle se retourne lentement, glissant la jambe gauche sur le corps de Louis, le bras gauche posé sur son torse, la tête calée au creux de son épaule. Joséphine entrouvre les paupières et lève le regard vers le visage de son homme.

– À quoi penses-tu, mon bel amour ?

– À la fragilité de l'instant et à la force imparable de l'inéluctable destinée. Et toi ?

– Plus prosaïquement, à la magie de l'instant et aux contours ensorcelants de nos lendemains ! Tu connais le sens du Carpe diem de Virgile ? Eh bien ! je savoure l'instant présent comme un privilège qui m'est exclusivement réservé et j'en suis fort aise, monsieur de ! Jamais homme ne m'a procuré autant de bonheur subtilement mâtiné de la chance de t'avoir à moi, rien qu'à moi.

– Madame est bien bonne, bien indulgente, avec un soupçon d'encens un brin flagorneur…

– Tais-toi, vieil ours. Je te hais quand tu blasphèmes…

– Quand je dis la vérité.

– Ta vérité. Oui, ta vérité, complètement déformée par tes tourments stupides, infondés, ridicules. Je vis, Louis, je suis en train de devenir moi, grâce à toi. Je deviens ta femme uniquement parce que tu ne me l'as pas demandé. Parce que je le veux. Parce que je viens de décider. Tu n'as plus le choix. Tu m'as conquise et tu vas devoir me supporter malgré la force imparable de l'inéluctable destinée dont tu parles si savamment. Bougre de faiseur de phrases ! Laisse les mots de côté et embrasse-moi, tendre sauvage.

Emprisonné par Joséphine maintenant allongée sur lui, il la serre contre son corps, une main à son cou, l'autre pressant ses reins. Il l'embrasse tendrement, lentement, bouleversé par sa spontanéité si rassurante. Tandis que sa main se perd dans la douce chevelure, il sent monter en lui le flot difficile à endiguer de ses désirs. Joséphine participe tout entière à cette symphonie des corps emmêlés et se laisse apprivoiser dans un soupir de bien-être.

– Monsieur de, vos hommages sont chevaleresques. Souffrez que votre dame vous témoigne encore sa gratitude en acceptant un baiser de soumission. Je suis à vos genoux, baisez-moi le front.

– Tu en rajoutes, petite fée. Ne sois pas cruelle au point de me laisser quelques illusions sur mes capacités à t'étonner.

– Qu'il est chiant, mais qu'il est donc chiant, ce type ! Voilà, c'est ce que tu veux. C'est bien fait pour toi. Puisque tu vas embrasser à nouveau la carrière de prof, je mets en bas de ton bulletin trimestriel l'appréciation suivante : « Sujet qui serait exceptionnellement brillant s'il prenait enfin confiance en ses capacités et compétences. Des lacunes accumulées depuis de nombreuses années l'empêchent de donner la pleine mesure de son talent. Il convient d'intensifier le travail personnel et d'accepter les projets en équipe. » Tu es content, mon Grand Louis ? Regarde, c'est écrit noir sur blanc, là, au bas de la feuille.

Tout en commentant ses propos, Joséphine trace avec l'index la rédaction du texte sur le ventre de son compagnon.

– Je t'aime, Joséphine.

– Tout de même ! Ce fut un peu long à venir !

– Un homme qui caresse une femme en lui disant « je t'aime » n'est pas forcément sincère. Il tente de séduire pour obtenir toujours plus, toujours plus vite. J'ai peur, Joséphine.

– De quoi ?

– Cette nuit, cette première nuit, mon corps m'a trahi, nous a trahis. Je n'ai pas été l'homme de la situation. J'ai eu honte de t'avoir entraînée dans cette galère. Je me suis senti l'adolescent maladroit, pressé, balourd et malhabile.

– Mais tu es un adolescent, et moi, je suis ta première femme, ta première expérience, ta première conquête. Et si ton corps t'a trahi, il n'a pas trahi la pureté de tes sentiments. Ce que tu estimes être un échec sans audace est au contraire un merveilleux gage d'amour. J'ai aimé cette nuit splendide, sublime comme aucune autre nuit. Sois maladroit, mon bel amour, sois hésitant, perds de ton assurance, et à mesure que tu doutes de ton impérialisme de mâle, tu me donnes de l'éclat, tu me confères de l'existence, une identité. Oui, Louis, je commence à exister et à apprendre mon cœur et mon corps. Enfin ! Et tout cela, c'est toi qui me l'offres. Faut-il que je t'aime pour oser te confesser cela !

– Je ne comprends rien aux femmes !

– Au contraire, tu comprends tout et cela te gêne, te perturbe. Nu comme un ver, dans l'obscurité de cette chambre bleue, tu perds tes repères. Tu es dépouillé de tes oripeaux de patron omnipotent, de décideur souverain, de chef considérable. Ne redeviendrais-tu pas le P'tit Louis dont tu parles avec tant d'émotion ?

– Je crois que tu as raison. P'tit Louis est l'être le plus délicat que j'aie côtoyé. Finalement, ce petit bonhomme qui n'en finit pas de grandir est voué à l'amour. Il a admiré ses grands-parents adorables, vénéré sa maman divine, idéalisé ses premières amours d'enfant, et est déconcerté, ému, troublé par sa petite merveille de Joséphine, lumière de sa pauvre vie.

– Pauvre vie ? C'est toi qui le dis, vieil ours ! Tu as plus vécu que si tu avais mille ans !

– À quoi cela m'a-t-il servi d'avoir tant vécu ? Petit, chez pépé et mémé, je voulais devenir « professeur des histoires » pour faire la classe à mes grands-parents. Plus tard, quand, un jour de défi, je me suis présenté à la préparation de l'École nationale d'administration, ma mère me voyait déjà ministre. Que suis-je devenu ? Retour à la case départ et rempilage à l'Éducation nationale. Tu crois que c'est une trajectoire logique, toi ?

– Elle n'est pas logique, ta trajectoire, mon Grand Louis ! Elle te ressemble : complètement atypique, complètement originale, singulière, à la limite de l'incompréhensible ! Un jour, tu m'as dit que tu étais « parti de rien et revenu de tout ». Peut-être que tu es revenu de tout, mais sûrement pas les mains vides et la tête desséchée. Te rends-tu compte que tu as été paysan, ouvrier, employé, pompier, professeur, cadre dans les ministères, que tu as parcouru la France et les départements d'outre-mer, que tu as été un champion de sport, que tu as écrit des bouquins, pendant que d'autres n'ont connu que le trajet rectiligne d'une existence toute tracée, monotone, à l'abri des doutes, des incertitudes, des interrogations, des risques ? Tu as vécu, Louis, tu as été riche de ton peu de besoins, et grâce à cela, grâce à toi, c'est à mon tour de commencer à vivre. Tu es mon carburant. Je me nourris de ton expérience et de ta réflexion sur la condition humaine. Alors, s'il te plaît, tais tes inquiétudes métaphysiques et dis-toi bien que tu peux t'honorer non seulement de ce que tu as fait, mais surtout de tout ce qu'il te reste à faire ! Compte sur moi, car j'ai besoin de toi. Je ne te demande pas de répondre.

– Madame de, tu donnes un sens à ma vie. Pour cela, merci. Merci de t'être souvenue de tout ce pedigree dont je t'ai parcimonieusement distillé les épisodes au fil de nos discussions. Franchement, je ne pensais pas que tu puisses avoir ainsi engrangé tout ceci avec autant de précision ! Mais, Joséphine, cela n'a finalement que peu d'importance. La différence avec les animaux, c'est que nous savons que nous sommes mortels. Il y a eu un jour, il y aura une nuit. La nuit éternelle. Au moment du grand passage, que restera-t-il de cet éphémère dévoré par l'érosion du temps ? Je n'ai pas assez de foi chrétienne pour envisager l'après ou une quelconque réincarnation. À cause de ces incertitudes, j'aime à vivre chaque jour comme si c'était le dernier.

Maintenant plus que jamais. Maintenant que je viens de prendre conscience qu'avant toi j'étais seul. Joséphine, reste avec moi.

– Vieil ours un peu balourd ! Tu n'as pas compris que je brûle du désir de partager ta vie ? Le bonheur est le fruit d'une lutte quotidienne. Le bonheur se mérite. Je veux mon bonheur et le tien avec. J'entrevois ce qu'aimer et être aimé veut dire. Je t'aurai prévenu : tu vas devoir me supporter et faire avec !

– Mais ta maison du Créru…

– Laisse ! Elle est vendue. Il faut la déménager. On ira ensemble. C'est sans importance. La Seigneurie me tend les bras. J'ai succombé aux charmes de ton chien ! Si tu me fais une petite place, je pose mes valises dans ta grande maison. D'accord ?

– Madame Joséphine Chamois de mon cœur, tu es la châtelaine de ces lieux. Voici les clés. Je suis ton vassal. Tu es la maîtresse du domaine. Mon chien, mon chat et moi, nous sommes à tes ordres !

III

La fin du mois d'août apporte son lot de journées tantôt pluvieuses et rafraîchissantes, tantôt brûlantes et éclaboussées de soleil. Le ciel des Savoies hésite encore entre l'été finissant et la précocité de l'automne. Joséphine prend très au sérieux son rôle de maîtresse de maison, sous les regards attendris de Louis, parfois ému jusqu'aux larmes de voir sa petite femme imprimer sa touche gracieuse et féminine à sa grande et vieille demeure. Les matins pluvieux, elle lui apparaît déguisée en pêcheur d'Islande à l'assaut des herbes folles du jardin. Les soirées de canicule, comme aujourd'hui, ravissante dans un ensemble de bain minimum, elle cueille méticuleusement les dernières groseilles.

– Joséphine, tu me rends complètement gâteux. Tu veux que je te dise ? Tu me fais penser à ma chère maman. Tu lui ressembles tellement. Quand elle avait ton âge, j'avais neuf ans et j'étais amoureux d'elle. Je n'avais pas besoin de traîner trop avec les copains quand elle était avec moi. Je faisais des prières le soir dans mon lit pour que le lendemain elle soit toujours aussi belle et active, paisible et souriante. Malheureusement, trop souvent, le lendemain le temps avait changé. Elle ne se levait pas de la journée et les idées noires assombrissaient son front. Je lui montais des cachets d'aspirine et m'asseyais par terre, près du lit, en l'écoutant respirer, et je la trouvais toujours aussi belle, aussi jeune, imaginant déjà qu'un autre demain elle se lèverait en pleine forme pour ramasser, en maillot de bain, les groseilles contre le mur du jardin.

– J'aurais bien aimé la connaître, ta maman.

– Vous vous seriez entendues comme deux complices. Tout paraît vous rapprocher.

– C'est toi qui nous rapproches ! Parle-m'en souvent, longtemps, Louis. Tu as besoin de faire ton deuil. P'tit Louis est lourd à porter. Les aventures de ta longue vie n'ont pas suffi à l'oublier.

– « Pour dissiper son tourment et calmer son chagrin, ce n'est pas de ciel, mais d'âme qu'il faut changer, car même en voyage, on s'emporte avec soi. » Sénèque, les Lettres à Lucilius. Je n'ai jamais changé d'âme, Joséphine ! Personne n'a jamais voulu m'acheter la mienne !

– À qui l'aurais-tu vendue ?

– Au diable !

– Voilà qu'il se prend pour Faust ! Allez, viens plutôt m'aider !

Il lui pose les mains sur les hanches et l'attire tendrement contre lui. Le minuscule deux-pièces est une provocation...

– J'ai dit de venir m'aider. Non mais, monsieur de, vous êtes bien hardi. Pas touche, m'enfin ! ou je t'écrabouille de la groseille sur le museau. T'es chiant...

– Déjà dit ! Tu te répètes. Tu as un gage.

– Lequel ?

– Monte me rejoindre dans la chambre bleue. Le gage est caché sous le lit !

– Gamin. Tu ne peux pas me dire que tu as envie d'un gros câlin de nounours mal léché ?

– J'ose pas, m'dame !

– Tu seras puni.

– Chouette !

À neuf heures du matin, ils se sont mis en route pour déménager la maison de Joséphine. Au volant d'une camionnette de location, une casquette vissée sur le crâne, en bleu de travail, Louis se donne des airs de camionneur en livraison.

– On dirait Yves Montand dans Le Salaire de la peur, lui lance Joséphine.

Et lui, mâchouillant une allumette, rejetant la casquette en arrière...

– Esgourde bien, ma petite gisquette, la complainte du vieux routier qui en pince pour sa mousmé. Au volant de sa guinde avachie, il n'a d'yeux que pour le ruban qui défile et le rapproche du plumard où elle l'attend sans se cailler le raisin. Dénippée comme un chiard à la naissance, elle se trémousse déjà en entendant le bahut qui approche. Dans l'escadrin vermoulu, elle bigle son Dédé qui rapplique tout frétillant. En voilà une qui va morfler tout son saoul de pelotages coquinosses...

– Arrête, j'ai rien compris !

– T'as rien encadré à ma goualante, môme ?

– Arrête ou je descends !

– Tu vas quand même pas te casser au moment où le Dédé te promet le septième ciel enrubanné, fleur de pavé !

– J'ai honte de traîner les routes avec un voyou. Tu ne m'avais jamais dit que tu savais aussi mal parler. Ah ! il est beau, le boss qui menait les réunions de travail de main de maître ou qui accueillait les ministres avec des mots choisis par Montaigne ou La Boétie ! Bravo, tu caches bien ton jeu !

– Souffrez, belle marquise, d'apprendre que ce beau langage appartient au monde de la rue ou de la route et qu'il a fait l'honneur des fortifications du vieux Paris. Qui te dit qu'un de tes ancêtres ne faisait pas la manche à la Cour des Miracles ?

– Je ne supporte pas que tu te vautres dans la vulgarité.

– Bien, mââme. Je vais à nouveau châtier mon langage pour vous être agréable. La prochaine fois que vous m'autoriserez à lutiner prestement vos délicatesses intimement dissimulées, je ne m'exclamerai qu'en latin de Cicéron ! O tempora ! o mores !

– Il est dingue, ce type. Mais qu'est-ce que je fais avec ce cinglé ?!

– Amour, nous nous vîmes et nous nous plûmes et vous m'épatâtes !

– Au secours !

– Vous avez demandé les pompiers, ne raccrochez pas, on va vous répondre… Pompiers, j'écoute !

– Au secours ! Il y a un type complètement dingue qui menace de me jeter par la fenêtre de son camion !

– Faites le 17, ici vous êtes chez les pompiers ! C'est la police qu'il vous faut !

Trente minutes plus tard, arrivés à la grille de la maison du Créru, ils se jettent dans les bras l'un de l'autre, effondrés de rire, ivres de bonheur et de tendresse.

– Louis, heureusement qu'on s'a… !

– Heureusement qu'on s'a, ma belle !

La maison du Créru n'inspire plus à Joséphine que de l'indifférence. À contrecœur, elle pousse la grille et arpente le chemin de gravier qui grimpe jusqu'à l'entrée. Elle a rapidement trouvé un acquéreur, un Suisse qui n'occupera les lieux qu'au début de l'année prochaine. Voilà plusieurs mois qu'elle n'a pas mis les pieds ici. Les herbes folles ont envahi les massifs et les interstices des dalles de la terrasse. L'absence d'arrosage a hâté la mort des fleurs. Cette demeure autrefois tant aimée sent l'abandon, l'agonie. C'est une chambre mortuaire qui maintenant lui cause des nausées. Elle a longtemps repoussé l'instant de ces funèbres retrouvailles. La présence de Louis à ses côtés la réconforte. Elle se serre contre lui au moment d'ouvrir la porte. Une bouffée d'odeurs de renfermé et d'eau croupie la saisit. Retenant sa respiration, elle court ouvrir toutes les fenêtres. Elle avait oublié le poisson rouge, dont les restes éparpillés finissent de pourrir dans l'eau verdâtre de l'aquarium.

– Il faut faire vite, mon amour. Louis, aide-moi. J'ai hâte de retrouver notre Seigneurie.

– Joséphine, il y a une lettre par terre, sans doute glissée sous la porte.

– Ouvre-la, toi. Lis-la. Ne me dis rien. Je ne me retournerai plus jamais sur le passé.

Louis déchire l'enveloppe et retourne sur le balcon pour prendre connaissance du courrier. Il préfère s'isoler tandis que Joséphine vide à la volée les placards, remplissant frénétiquement des sacs-poubelles. Elle l'avait prévenu : « Je ne conserverai que le minimum de souvenirs et d'objets utilitaires. Je repars de zéro avec toi. Je me lave de mon passé. C'est une renaissance. Je veux être une femme nouvelle. »

La lettre a été écrite par ses parents.

« Joséphine,

« Nous n'avons plus de nouvelles depuis plusieurs mois. Un jour, quand tu reviendras ici, tu trouveras cette lettre. À quoi penses-tu, fille perdue ? Avec tout ce que nous avons fait pour toi, ta mère et moi, tu n'as pas le droit de te conduire comme une créature honteuse. On ose encore espérer que tu seras repentante. Tout le village est sous le choc. Ta mère accumule les migraines et ne dort plus. Quant à moi, j'ai honte d'avoir un jour engendré cette grossièreté. J'aurais mieux fait de mettre une capote au lieu d'honorer ta mère dans l'espoir d'avoir un enfant. Cet enfant nous a trahis. Toute la famille est contre toi.

Est-ce que tu te rends compte que tu couches avec un vieux qui pourrait être ton père ? C'est dégoûtant. Est-ce que tu as pensé que dans quelques années tu devras le torcher et pousser sa chaise roulante ? Tu as perdu la tête. Fais-toi soigner, et vite.

Ne compte pas sur nous pour te pardonner, ou alors finis ton cirque. Dis-toi bien que, si ton bonhomme a dans le pantalon quelque chose qui t'excite, ça ne va pas durer. Quand tu vas enfin te réveiller, il sera trop tard. Il abuse de toi. Il consomme de la chair fraîche et des rondeurs bien plantées. Il t'offre des jouets de gamine et tu t'extasies. Tu joues à l'enfant gâtée et il ne sait pas quoi inventer pour te retenir. C'est dégueulasse. Quand on pense à tout le mal que tu as fait au Gino ! Je le plains. Il a souffert de tes mensonges, couratière sans vergogne. J'ai honte pour lui. Qu'est-ce qu'il doit penser de nous ? Ce n'est pas l'éducation qu'on t'a donnée. C'était un bon fils pour nous. Toujours d'accord pour rigoler et boire des bons canons. T'as pas été foutue de le garder. C'est un scandale. Je te donne jusqu'à la fin de l'année pour réfléchir. Après, il sera trop tard. Réveille-toi, dévergondée ! On n'en a fait qu'une et c'est une ratée. Si c'est pas une misère !

« Ton père. »

– Alors, mon amour, cette lecture est édifiante ?

– Laisse tomber, ma Joséphine. Tu es l'amour de ma vie, la lumière de mes jours, ma petite fille chérie, mon bébé d'amour. Tout le reste n'est que vulgarité sans importance. Laisse tomber. On lira cette prose ensemble, plus tard, mollement et douillettement blottis à la Seigneurie, et encore… C'est ce que j'appelle de la littérature de caniveau. Quand on n'a pas le courage de ses opinions, on trempe sa plume dans le purin. C'est tellement plus simple de laisser le papier déblatérer des inepties. La grandeur d'âme n'est pas l'apanage des médiocres, et ton père, c'est l'empereur des médiocres. Désolé, mais je hais les anémiés du bulbe, les buvards humides, les tiédasses souffreteux, les pâlots, les fades à la merci des caprices de leur idiote de femme à l'esprit déraisonnable et indigent…

– C'est bon, merci. On arrête là.

– Si je veux. Comme je te connais, tu es encore capable d'avoir des états d'âme. Mater Dolorosa, tu connais ? Le pardon est une beauté de l'esprit. Alors, sois moche et c'est tout. Qui touche à toi touche à moi, et moi, je riposte.

– C'est quand même mon père…

– C'est quoi ? Ton père, il s'est pris cinq minutes de jouissance quand il t'a faite. D'accord, c'est peut-être les seules cinq minutes de plaisir que ta mère lui a accordées dans sa pitoyable vie étriquée.

– Il y a eu des bons moments, tu sais.

– Oui, quand tu étais une enfant modèle, une adolescente obéissante et soumise, quand tu la bouclais à table tandis que la famille éructait des niaiseries sur le monde, quand tu ne dérangeais pas l'ordre mesquin établi par leurs cerveaux indigents.

– Je n'aime pas quand tu parles comme ça.

– Il faudra t'y faire, ma belle chérie. Je déteste les préjugés, les a priori, les idées toutes faites et les vérités premières assénées en fin de repas dans le souffle des vapeurs d'alcool.

– Dur, dur. Mais, au final, tu as raison. C'est vrai. Tout ce que tu dis est vrai, même si c'est difficile à admettre.

– Je crois qu'il ne faut pas transiger avec les valeurs essentielles : l'amour, la tolérance, le respect de soi-même et des autres, et j'en passe.

– Bien, maître. J'apprends.

– Arrête…

IV

Les quelques meubles, objets de décoration et effets récupérés par Joséphine ne tiennent qu'une place insignifiante au sein de la Seigneurie. Le grand logis se pare au fil des jours des couleurs et lumières subtilement sécrétées par la jeune femme.

Joséphine opère par petites touches délicates, et, d'un goût sûr, elle entame la métamorphose de cette puissante demeure aux parfums de l'enfance de Grand Louis. Il aime et chérit la Seigneurie comme on aime une femme. Cette antique maison lui vient de sa grand-mère, qui en avait elle-même hérité de ses parents. Une poutre du grenier porte la marque du charpentier et la date de 1808. Louis n'a que très peu fréquenté ces lieux jusqu'à la mort de la mémé. La maison était louée. Devenu héritier, il a décidé de l'occuper afin de vivre en ces lieux, lui le descendant direct des Lavorel. Louis est un de La Combe par son grand-père paternel et un Lavorel par la grand-mère. Il n'en est pas peu fier.

– Sais-tu, ma Joséphine, que tu fréquentes aujourd'hui l'héritier des de La Combe, seigneurs des pays de Savoie, descendant des hérauts d'armes des ducs de Savoie qui se sont illustrés dans l'Orient latin lors des croisades ? Un de mes ancêtres a accompagné le souverain de Savoie en Espagne, au XVIe siècle, au mariage de l'infante ! J'ai aussi du sang immémorial des Lavorel dans les veines... Une des plus vieilles familles savoisiennes, toutes issues à l'origine du village de Cuvat. Les Lavorel, les laboratores, laboureurs, défricheurs des grands espaces de nos petites montagnes. Dame Joséphine, ayez le bon vouloir de vous incliner humblement devant votre seigneur et acceptez avec fierté ses hommages répétés !

– Monsieur de La Combe-Lavorel, j'attends avec impatience le déclin du jour qui me conduira à vos côtés partager votre noble couche et recevoir vos hommages d'aristocrate de l'amour !

– Tu ne penses qu'à cela !

– Hypocrite… Toi aussi.

– Ben oui, quoi ! Je crois savoir que mes ancêtres, au Moyen Âge, s'arrogeaient le droit de prima notte…

– De quoi ?

– De prima notte, ma chère enfant. Autrement dit, lors de chaque mariage sur ses terres, le seigneur passait la première nuit en compagnie de la jeune épousée, afin de la livrer au mari déjà instruite des choses de l'amour charnel. Pas mal, non ? !

– Il me semblait aussi… Enfin, avec moi, c'est raté ! Quoique…

– Oui ?

– J'ai vraiment le sentiment d'avoir beaucoup appris avec toi. Ce qui est sûr, c'est que j'ai la certitude que tout commence avec toi. Comme si rien ne s'était passé avant.

– Ne parle pas de l'avant, s'il te plaît. Je ne supporte pas l'idée qu'un homme ait pu t'approcher, profiter de tes délicieux trésors. J'enrage à la pensée de tes ébats avec un autre.

– Colère de mâle, de chef de meute. Je suis ta femelle élue. C'est tout.

– Tu es si jeune, si belle, Joséphine. Je vais vieillir. M'aimeras-tu longtemps encore ?

– Tu as placé la barre si haut, Louis. Il n'est pas né, celui qui cumulera tous tes talents.

Même si la nuit ne fut pas la prima notte, Joséphine et Louis s'éveillent blottis l'un dans l'autre. Elle lui tourne le dos, les jambes repliées. Louis épouse très exactement ses formes, les genoux au creux des siens, un bras lui enserrant la poitrine.

– Louis ? Tu sais à quoi je pense ?

– Fais-moi rêver. Dis !

– Je pense que l'on est installés comme les petites cuillères d'un service à couverts !

– Je t'aime, beauté. Tu es si imprévisible. Continue. Je suis sur un petit nuage.

Un crissement de pneus les distrait de leur amollissement

amoureux. Le chien grogne, la truffe au ras du sol, à côté de la porte. Un moteur tourne sous la fenêtre de la cuisine.

Louis risque un œil sans bouger le rideau. Une Alfa Romeo est sommairement rangée près de l'escalier extérieur.

– Ma belle, tu connais une Alfa Romeo rouge ?

– Non. Ou plutôt, si. C'est pas sa voiture ?

– Va voir. Ne te montre pas.

– Louis, c'est lui. Il est au volant. J'ai peur. Il est là. Pourquoi ? Comment sait-il ?

Joséphine, nue dans la cuisine, est prise de tremblements. Louis, rhabillé à la hâte, lui passe un peignoir.

– J'ai trop peur. Il a la tête des mauvais jours. Il a maigri. Il me fait peur. Louis, ne me laisse pas…

Sans arrêter le moteur, Gino est descendu de voiture. Il inspecte les environs. Il parle avec le voisin d'en face en faisant des gestes désordonnés. Joséphine, en larmes, se terre dans la chambre. Des coups nerveux et impatients bousculent la porte. Le chien est menaçant. Louis n'ouvre pas.

– Je sais qu'elle est là ! hurle Gino. Ouvrez, je veux lui parler. Je veux la voir. C'est urgent. C'est tout de suite. Ouvrez ou je défonce la porte !

Le chien aboie, la queue entre les pattes, le poil tout droit sur le dos.

– Fais taire ton clebs, vieux cochon ! Ouvre vite, qu'on discute ! Je vais te parler à deux doigts de la gueule, vieux triste, amateur de chair fraîche. Ça va péter si t'ouvres pas !

Joséphine est en proie à une véritable crise de nerfs. Louis est gagné par la peur. De l'autre côté de la porte, Gino est insistant.

– Je vais foutre le feu à ta baraque de merde ! Tu m'as piqué ma femme, rends-la-moi ! Tout de suite ! Dis-lui qu'elle vienne, à cette morue. Bande de dégonflés, je vous aurai ! Sortez de votre plumard qui pue l'amour ! J'en crève et vous allez crever !

Les voisins sont aux fenêtres. Gino les invective grassement et remonte brutalement dans sa voiture. Il démarre dans un nuage de poussière. L'air sent le caoutchouc brûlé. Sous le choc, Louis et Joséphine n'osent pas sortir. Ils se calfeutrent, pétrifiés par la crainte d'une bêtise de Gino.

Une odeur de fumée enveloppe la maison. Ils se jettent à la fenêtre de la chambre. C'est le cantonnier qui brûle des feuilles humides. Soulagement. Le téléphone sonne. C'est Gino.

– Tu te décides à bouger, fumier ? Je te préviens, si Joséphine ne vient pas parler tout de suite, je vous brûle tous les deux comme des rats dans un trou et je me flingue après. J'en ai rien à foutre. J'ai tout perdu. Plus rien à gagner. Elle vient ou je fais sauter la baraque. Tu réponds, vieux rat ?

– Que voulez-vous ?

– Ta gueule ! Dis-lui de venir.

– Pourquoi ?

– Je veux la voir, lui parler. Je veux savoir…

– Savoir quoi ?

– Pourquoi elle m'a quitté, cette grognasse. Elle avait tout, avec moi. Qu'est-ce qu'elle espère avec toi, vieux débris ? Tu ne peux sûrement plus la faire glousser, cette poule ! Elle en veut à ton fric. Fais fissa. Envoie-la.

– Joséphine reste avec moi. Je n'ai rien d'autre à vous dire, monsieur.

– Et il fait le poli, cet enfoiré ! Tu sais à qui tu parles ? Tu sais où j'ai appris la vie, moi ? Dans la rue, mon pote. J'ai fait le tour du monde, et je ne suis pas revenu pour me faire entuber par un beau parleur. Des comme toi, j'en ai un régiment qui sèche dans mon grenier. Laisse quimper, bonhomme friqué. Envoie la fille et planque-toi !

– Calmez-vous, monsieur. Vous allez au-devant de gros ennuis.

– Ta gueule, je t'ai dit ! C'est clair ? Ses parents m'ont refilé vos coordonnées. Eux, au moins, ils ont compris votre manège. Ils me comprennent, eux. Tu as bonne mine, avec ton costume trois pièces et ta tronche d'intellectuel. C'est ça qui l'a séduite,

Joséphine. Ta culture l'a endormie. Attends qu'elle se réveille ! Tu ne la connais pas. Elle ne dit jamais ce qu'elle pense. Elle garde tout pour elle. Elle est secrète. J'ai bien senti qu'il y a longtemps que ça dure entre vous. Ses retours tardifs, ses distances, ses refus au lit… C'est toi qui l'as ensorcelée ! Elle est ta prisonnière. Passe-la-moi tout de suite, qu'elle m'explique ! Je veux savoir. Je l'ai perdue, mais au moins je veux comprendre.

– Il n'y a rien à comprendre, monsieur. Joséphine ne souhaite pas vous parler, pas tout de suite. Vous lui faites peur. Calmez-vous et elle acceptera de dialoguer.

– Voilà, je suis calme. C'est mieux comme ça ? C'est bien, hein ? Envoie. Passe-la-moi.

– Et si vous arrêtiez de me tutoyer ? On n'a pas gardé les cochons ensemble !

– Cochon toi-même ! Je vais t'exploser ta gueule !

– Vous voyez bien que vous n'êtes pas calmé ! Réfléchissez encore un peu et rappelez si vous voulez. Elle vous parlera si elle a toutes les garanties d'un dialogue cohérent.

– Je vais porter plainte pour séquestration, envoyer un huissier, vous pourrir la vie ! Juré ! Vous pourrir la vie… Vous n'avez pas le droit de jouer avec mes nerfs. Je vais te faire rire, vieux beau ! Joséphine, c'est la reine du cinéma. Elle simule. Elle s'invente du plaisir et tu gobes tout. Naïf ! Il y a longtemps que j'ai compris, mais je m'en suis foutu comme de l'an quarante, tant qu'elle était d'accord pour les parties de jambes en l'air.

– Suffit ! Cela suffit. Je vais raccrocher. Vous dépassez les bornes. Elle est majeure. Fichez-lui la paix. Elle a droit à la paix. D'ailleurs, mon portable donne des signes de fatigue. Désolé, mais je n'ai plus de batterie. Je ne pourrai vous entendre encore longtemps.

Grand Louis coupe la communication, arrête l'appareil et le dépose sur la table de la cuisine. Joséphine est en larmes, blême, terrifiée. Louis l'enlace tendrement comme on consolerait un enfant malade. Elle ne pose aucune question. Elle a compris. Elle connaît trop Gino pour se tromper sur le ton et les termes de la conversation. C'est un être redoutablement intelligent, calculateur, mystificateur, capable de jouer un rôle de composition afin de berner ses interlocuteurs. Mais c'est aussi un narcissique obsessionnel, exclusivement soucieux de sa propre image. Il est animé par un insondable mépris des autres. Il rapporte tout à la satisfaction de ses propres besoins.

Aucun dialogue n'est possible avec cet être qui n'accepte pas le renvoi d'une image dégradante. Les chaos névrotiques l'emportent sur la raison. Durant leur vie commune, elle s'est tue de crainte de ses emportements absurdes. Elle a opté pour la soumission, la servilité, dans l'espoir qu'il lui ferait des enfants, seule perspective de salut. Cruelle illusion. Son couple est mort de n'avoir plus rien à cimenter avec lui. Jour après jour, Joséphine s'est craquelée, desséchée, érodée par les intempéries de la vie. Le sourire a délaissé son doux visage. Elle s'est mise à se complaire dans une humiliante courtisanerie perçue par autrui comme une dévotion à son époux envié. Orgueilleuse, Joséphine n'a laissé aucune prise à la critique. Un modèle d'épouse, toujours gaie, enjouée, irréprochable, ne peut s'être trompé.

Il lui en a fallu du temps pour que l'atmosphère délétère de sa vie à deux l'asphyxie à lui couper le souffle ! Louis, en entrant dans sa vie, est d'abord devenu son indispensable oxygène. Sa finesse d'esprit, la délicatesse de ses manières et de ses propos ont peu à peu exhumé Joséphine de son linceul. Le frisson glacé a fait place aux tièdes tressaillements. Lors des premières entrevues, ce fut inexplicable. Une mystérieuse alchimie s'opérait. Grand Louis devenait toujours plus indispensable sans qu'elle ne perçoive un soupçon d'attirance physique. Sa seule présence l'enveloppait d'une essence rassurante. C'est cela. Il était plus essence qu'existence. Il était un halo bienfaisant et providentiel. Joséphine regrette parfois de ne pas lui avoir signifié plus tôt ce bien-être. Sa confiance dans les hommes s'était si émoussée qu'elle craignait à la fois le ridicule, l'échec et des réactions masculines décevantes. Louis a su l'attendre. Leur parcours est un voyage initiatique. Elle est sûre de ses sentiments. Louis le sait. Elle le lui a si souvent prouvé.

– Joséphine, si nous sortions, ce soir ?

Douillettement blottie dans les bras de Louis, Joséphine est enrobée d'une douce hébétude. La tempête est passée. L'accalmie déchire les nuages.

– On est si bien !

– Je ne suis pas complètement rassuré. Mon instinct de fauve me torture. Je sens le danger. L'air est chargé d'effluves troublants. Mettons-nous à l'abri quelque temps.

– On ne sort pas ce soir, Louis chéri. On fait nos valises et on file à Saint-Pierre-de-Chartreuse. J'y ai coulé des jours heureux en pensant à nous. Et toi, tu as dû être si malheureux pendant ce temps ! Il faut que tu voies d'où je pensais à nous. Allons à deux là où j'étais si seule.

– Allez, d'accord, princesse. Je téléphone à mon ami Bruno Desmoine. Il tient un petit hôtel aux pommes.

– Aux quoi ?

– Aux pommes ! Comme tu les aimes. Un petit nid douillet, refuge des amoureux comme nous. C'est parti !

– Et le chien ?

– On l'emmène !

V

L'hôtel de Bruno Desmoine est sur la place de Saint-Pierre-de-Chartreuse, coincé entre l'épicerie du village et le marchand de journaux. C'est une vieille bâtisse en pierre de pays. Le toit pointu à quatre pentes est coiffé de tuiles rougeâtres disposées en écailles. Un grand balcon à la barrière en fer forgé barre la façade à mi-hauteur. Des cartes postales anciennes ornent la salle du bistrot. L'auberge était déjà là au temps des voitures à chevaux qui bravaient les embûches de la route du Désert depuis Saint-Laurent-du-Pont. Le trajet, par gros temps, devait être effrayant. Sapins noirs et rochers menaçants obscurcissaient la chaussée empierrée. L'image désuète met en scène des messieurs en habit noir et canotier aidant galamment des dames engoncées à descendre de la malle-poste.

– C'est toi, Bruno, le gros type au tablier blanc sur la photo jaunie ?!

– Et toi, Louis, tu es le vieux moustachu qui lorgne vers la jeune fille en dentelles blanches ! Content de te voir, vieux ! Tu es chez toi. Enchanté, madame ! Vous êtes fort belle ! Louis venait ici avec ses parents à l'époque des skis en bois de frêne et des souliers lacés serrés dans des fixations comme des étaux. Il était beau, le Louis, avec ses pantalons de velours serrés aux genoux et ses chaussettes tricotées en laine grasse. Sa maman lui tricotait aussi ses bonnets à pompon bleu-blanc-rouge ! Une vraie patriote, la maman ! C'était le bon temps, Louis ! On montait à pied aux Essarts manger une part de tarte aux myrtilles chez Mignot. On se tapait un Vittel-Délice au citron qui nous laissait les lèvres jaunies toute la journée. C'était pas fini, ma petite dame ! On attaquait la grimpette jusqu'à la Scia. Maintenant, il y a les télécabines, et la route l'été ! Je faisais la trace à ce pas dégourdi de P'tit Louis qui n'osait jamais descendre Combenoire. Il avait la cacavite dès le départ ! Évidemment qu'il ne négociait pas les virages, il ne prenait jamais les bâtons en bambou ! On bifurquait sous les Essarts et on se retrouvait au Batour, direction la Chapelle et tout schuss jusqu'en bas dans les cailloux de la ferme. Ah ! mon P'tit Louis, comme ta maman était radieuse de nous voir débarquer trempés, tout bleuis de froid ! On ne coûtait pas cher en remontées mécaniques ! Tu ne nous a jamais oubliés, bougre de bêtian. Vous savez, madame, quand môssieur est devenu un chef des PTT, il amenait ici ses sbires pour réfléchir au prix qu'ils allaient nous faire payer le téléphone. Bande de gabelous ! Je suis bien content de te voir et en si bonne compagnie.

– Tu as tout dit, Bruno ! Je n'ai plus rien à raconter à ma belle ! On se boit un apéro ?

– Je te sors une roussette de vers Montmélian. Tu vas m'en donner des nouvelles, mon gone ! Un nectar. Pas moyen de convaincre les Parisiens d'en prendre à l'apéro. Il leur faut leur apéritif anisé, à ces babians, ou pire, un vin cuit. Si c'est pas dommage. Enfin, ça en fait plus pour nous !

– Parlons peu, parlons bien, père Bruno. On mange quoi dans ta cantine ?

– Va doucement, mon Killy ! Passe à table d'abord. Tu verras bien !

– On est à table !

– Pour commencer, vous allez tremper le museau dans une petite soupe verte : poireau, ortie, cresson, crème du Sappey-en-Chartreuse. Après, je vous sélectionne des tranches de jambon de montagne, fumé au genièvre chez un vieux du Planolet. Si vous en revoulez, j'en recouperai. Il me reste un gratin d'épinards avec du rôti de veau du boucher de Saint-Joseph-de-Rivière ; du veau de sous la mère, du vrai beurre ! Je ne suis pas bien riche en fromages, mais j'ai une tomme de Saint-Pierre-d'Entremont qui vaut le détour ou un petit Vercors à point. On finira par une tarte aux myrtilles comme quand on était petits, P'tit Louis et moi. Celle-là, je vous l'offre. C'est en souvenir de la maman à Louis, qui s'en faisait péter les babines. Tu te rappelles, ta maman, comme elle brillait de bonheur devant la tarte aux myrtilles de ma mère ? Il y aura bien une petite place pour goûter une gentiane pour digérer ? Je les cueille à la dent de Crolles, à la fin du printemps, après la neige, en même temps que les crocus.

– Et après, je suppose que tu mets en route le tire-fesses pour monter à la chambre ?

– Je vous ai laissé la 22, celle qui a le balcon et qui donne sur la fontaine. Ça va donner envie de pisser à ton chien ! Au fait, il a mangé, le chien ? Je lui fais préparer un casse-croûte. Il doit rester une ou deux carcasses de pigeon avec encore de la viande autour et un fond de macaronis au jus. Ça roule, Médor ?

Bruno a vu juste. Le clapotis de la fontaine ou peut-être le coq de l'épicier ont eu raison du sommeil du chien. Le bruit des griffes sur le linoléum a réveillé Louis. Le chien donne des signes d'impatience derrière la porte. Sans bruit, Grand Louis se glisse hors du lit. Joséphine, câline, mais fourbue et terrassée par les émotions et le dîner, s'est endormie rapidement dans les bras de son homme.

L'air vif du petit matin cingle le visage. Une éclatante lueur jaunâtre estompe les dentelles du sommet de Chamechaude. Le soleil pointe à peine son nez quand Louis et son copain-chien descendent derrière l'hôtel le petit chemin escarpé qui conduit à l'entrée du village, à la Diat. Il aime ce passage, vieille traille des troupeaux, ancestral tracé éloigné de la route moderne, témoin du martèlement des sabots des bêtes et des hommes. Saint-Pierre-de-Chartreuse s'éveille lentement et révèle à qui sait les voir ses allures d'antique village de montagne. Belle image d'éternité. « L'essentiel est invisible à l'œil », se dit Louis, charmé par le silence qui enveloppe la petite église toute blanche.

Joséphine dort encore. Grand Louis frissonne d'émotion en découvrant avec délectation le corps abandonné de sa bien aimée. Le chien s'est jeté sur le lit tiède. Louis se glisse auprès de sa belle, bouleversé par le contact délicieusement douillet des formes soyeuses. Elle est si belle, si jeune. Il est heureux. Il lui traduit ses émotions avec d'infinies précautions, mais assez pour qu'elle ressente ses frissons. Un soupir d'aise accompagne le lent mouvement de Joséphine qui vient se pelotonner contre lui. Elle lui accorde un long moment de connivence. Louis est rassuré. Il sait apaiser cette délicate jeune femme avide de douceur mêlée de romantisme.

La journée n'est que délices d'amoureux en quête de solitude et d'intimité. De combes en vallons, de clairières en éboulis, ils parcourent à deux tous les chemins de l'enfance de Grand Louis quand il venait se prélasser quelques jours avec sa mère, avant qu'elle ne sombre dans la langueur de la maladie, avant que sa vie d'étudiant besogneux ne l'absorbe et le retienne loin de ces menus contentements. Louis et Joséphine rentrent auprès de Bruno Desmoine fourbus, affamés et rayonnants d'une paix enfin retrouvée. Au soir du deuxième jour, alors qu'ils allaient annoncer l'imminence de leur départ, Bruno les interpelle :

– On t'a demandé au téléphone, vieux chamois des sommets…

– Moi ?

– Qui veux-tu que j'appelle le « chamois des sommets », grand babian ? Le chien, peut-être ?

– Personne ne sait où nous sommes. Personne. Secret. Tu piges ? Tu m'inquiètes.

– Le voilà bien, l'angoissé de service ! Il ne changera pas. Vous savez, Joséphine, quand on était gamins, dès que des nuages un peu charbonneux s'accrochaient à la Scia, il commençait à rebrousser chemin ! Il fallait rentrer, fermer les volets, vérifier que la maman était bien là. Aux premières rafales, il scrutait le ciel… Au premier éclair de l'orage, je ne vous en cause même pas. Il n'avait plus faim, plus soif, ne rigolait plus et posait mille questions sur l'issue du dernier orage ! La pétoche. La grosse trouille qui lui tortillait les boyaux. Dès que les premiers rayons du soleil réapparaissaient, il reprenait goût à la vie. Un vrai roman.

– On t'a dit quoi, au téléphone ?

– Un type à la voix cassée voulait te parler. Il a demandé combien de temps tu restais. Il a ajouté qu'il n'y avait rien d'urgent, qu'il rappellerait, et a raccroché avant que je lui demande son nom. Voilà, c'est tout.

– Mouais.

Joséphine, tapie dans un coin du bar, soupira et termina en soufflant bruyamment.

– À ton avis, Louis, comment a-t-il appris ?

– Aucune idée. C'est bien l'ennui. À moins de nous avoir suivis.

– Ce n'est pas possible. Il a trop peur de se trouver à nouveau sur notre chemin. Je le connais. Il évitera l'affrontement.

– Mais qui, alors ? Qui, pour le renseigner précisément ?

– Il est capable de tout. Même d'embaucher un détective et d'emprunter pour le payer.

C'est sur le chemin du retour que Grand Louis et Joséphine décident de s'octroyer un répit supplémentaire. Ils ne rentrent pas à la Seigneurie. Ils vont déjeuner, dîner et dormir à Cruseilles, à l'Ancolie, un de ces endroits empreints d'un charme suave et légèrement suranné. Derrière le fin rideau des brumes éthérées d'un lac bordé de fleurs alpines s'assoupit un chalet alangui. Il recèle un décor sobre et élégant qui fleure bon la cire et la lavande. La table est une symphonie de couleurs et de saveurs. Les chambres sont des caches voluptueuses. De Cruseilles à Champagne, il n'y a qu'un pas par Allonzier et les bois de Cercier, après avoir franchi les gorges du Fier au pont de la Caille.

Ils espèrent être enfin délivrés de cette obsession machiavélique entretenue par un adversaire aussi résolu qu'irrationnel. Mais l'arrivée à l'Ancolie est un cauchemar.

– Monsieur de La Combe, madame, vous êtes attendus. Soyez les bienvenus à l'Ancolie. Vous occupez la chambre 10. Le déjeuner est servi à partir de douze heures, le dîner à partir de dix-neuf heures trente. Bon séjour !

– Merci !

– Au fait, madame ! Pardonnez-moi. Vous avez reçu un coup de téléphone quelques minutes avant votre arrivée. Monsieur Gino vous souhaite un bon séjour. Il n'a rien dit d'autre…

– Louis ! Ce n'est pas possible ! C'est diabolique. Comment a-t-il su ? J'ai peur. On n'est à l'abri nulle part.

– Si, c'est possible. La preuve ! Je vais le détruire, ce type. Je vais le réduire en miettes. Rappelle-toi, Joséphine : nous nous sommes arrêtés à Annecy, avenue de Genève, dans une boulangerie, pour demander le chemin le plus direct pour Cruseilles. Il n'y a que cette possibilité. Il nous suit ou nous fait suivre. Il est renseigné de tous nos faits et gestes. Il est partout. Dans la boîte à gants de la voiture, dans nos valises, bientôt dans notre lit. Il veut nous faire craquer, nous avoir à l'usure. N'aie pas peur, mon ange. C'est un fou furieux. Nous, nous nous aimons et nous sommes deux et plus encore.

– Tu as aussi peur que moi. Je le vois, je le ressens, je le sais. Ne triche pas, mon Grand Louis. Tu sais ce dont il est capable. C'est un psychopathe, un obsessionnel. Un jour il passera à l'acte. Il veut notre perte, quitte à entraîner la sienne. C'est un désespéré. Il a décidé de nous traquer. Je vais appeler un de ses collègues de travail…

Joséphine consulte son répertoire et, à l'écart dans le petit salon bleu qui donne sur le lac, elle branche son téléphone portable.

– Richard ? Bonjour, c'est Joséphine. Oui, ça va, merci. Oui, très bien. Dis-moi, Richard, j'ai des papiers à faire signer à Gino. Sais-tu où je pourrais le joindre ? Où ? Aux États-Unis ? Depuis combien de temps ? Qui l'a envoyé là-bas ? Il n'est plus dans la société depuis quinze jours ! Il a démissionné ? Ah bon ! Excuse-moi, Richard. Mais non, je ne sais rien ! Non, Richard, tu gardes tout. Attends qu'il donne signe de vie. Oui, c'est cela, à bientôt. Promis, Richard ! Je t'appelle dès que possible.

Louis est resté debout, mains dans les poches, face au lac qui se dévoile dans l'estompage des brumes tardives.

– Alors ?

– Alors, il est aux États-Unis depuis deux semaines ! Il a démissionné de sa boîte, prétextant qu'il avait trouvé du travail chez un lointain cousin installé dans le bâtiment à Chicago. Il est parti en laissant son appartement, les loyers impayés. Richard relève sa boîte aux lettres. Les factures s'accumulent. Il voulait me les faire parvenir. Il croyait que je savais. Il est très inquiet.

– Pas tant que moi.

– Je sais. Louis, il faut porter plainte. Il faut que l'on se protège.

– Porter plainte, au motif de… ?

– Au motif qu'il nous harcèle, qu'il nous met en danger.

– Va faire avaler cela aux gendarmes, ma pauvre biche ! On est mal, je te le dis, on est bien mal ! Je vais lui régler son compte, à ce voleur de poules ! Il va faire de la nourriture pour les poissons du lac.

– Arrête. Tu ne crois pas qu'il y en a assez comme cela ? Tu me débarrasses de lui et tu vas en prison et moi, je meurs de chagrin. Louis, cajole-moi, j'ai froid.

– Ma douce chérie, il faut passer à table. On va oublier nos tourments dans l'assiette. Allez, ouste ! Roussette de Seyssel et gamay de Savoie à volonté. Bonjour l'ivresse !

VI

Louis a commandé une terrine de canard aux truffes, et Joséphine, une salade de doucette au foie gras. Le seyssel de Corbonod est un nectar. Les cassolettes d'escargots et le roulé de veau pistaché sont un feu d'artifice. Les yeux pétillent, les doigts se frôlent. Joséphine est ravissante dans sa robe longue rouge framboise. Louis, paisible et serein, contemple sa bien-aimée, les yeux mi-clos ; de fines rides au coin des paupières accentuent l'espièglerie de son regard.

– À quoi penses-tu, mon grand ?

– Je pense que l'âme sœur existe et que je l'ai rencontrée. Je ne m'explique toujours pas comment s'opère cette alchimie qui rapproche deux êtres, cette adéquation des sens et de l'esprit. Merveilleux mystère. Tu es apparue au moment où je t'attendais…

– Mais c'est toi qui es entré dans ma vie au moment où j'étais assaillie de questions ! Tu n'as apporté aucune réponse, et pourtant tout s'est peu à peu clarifié. Tu m'aides à devenir ce que je suis, selon ta formule favorite !

– Mange pendant que c'est chaud !

– Tu ne t'empêcheras donc jamais de couper court dès que je parle de toi, vieux craintif farouche.

– Bon appétit, ma belle !

La salle s'est remplie. Ils sont satisfaits d'être arrivés de bonne heure pour se caler au fond, dans un recoin discret. Il y a une grande table ronde centrale avec des grands-parents entourés de leurs petits-enfants. Louis et Joséphine s'amusent à se représenter ces gens dans leur univers intime. C'est Joséphine qui joue en premier.

– Grand-père est cadre retraité d'une grande banque. Grand-mère, autrefois infirmière à l'hôpital d'Annecy, a cessé très jeune son travail pour élever sa fille unique. Le jeune homme bien raide sur son fauteuil est étudiant en droit. Il n'a pas encore décidé s'il préférait les filles ou les garçons, et sa sœur, sous des abords très bon chic bon genre, est une infernale espiègle qui prépare le bac en menant une vie de patachon.

– Erreur, ma douce ! Grave erreur ! Les apparences sont trompeuses. Grand-père et grand-mère tenaient un commerce de fromages rue Filaterie à Annecy. Le grand garçon arrose son permis de conduire avec l'argent des grands-parents. La petite Lolita est sa copine. Regarde comment le grand-père la dévore tandis que la grand-mère se crispe !

– Et le couple tout là-bas au fond… Tu en dis quoi, infaillible psy de service ?

– Ce sont des Suisses. Des tourtereaux en mal de cachette. Ils viennent tous les mois se poser à l'Ancolie pour mélanger leur plumage sous la couette. On dirait une grisette avec monsieur le baron !

– Eux ? Tu plaisantes ! Elle s'ennuie à mourir, ta grisette. Ce sont des gens du coin qui fêtent leur énième anniversaire de mariage. Routine. Chacun a la tête ailleurs. Tu n'as pas remarqué comme ils ne cessent de nous regarder ? Je suis heureuse de leur fournir un sujet de conversation croustillant !

– Croustillante toi-même ! Un dernier tour, si tu veux. Le type seul, derrière les plantes vertes… J'écoute !

– Représentant de commerce ou plutôt chef de secteur, visiteur médical. Bronzage aux UV. Il est arrivé en même temps que nous, au volant d'une voiture de minet. De la canaille en goguette, en quête d'une bonne fortune ! Mémère attend son coup de fil quotidien pour le plaindre. Elle met les enfants au lit, s'installe devant la télé, le portable sur le guéridon. Il ne rentrera que vendredi soir, fourbu, et présentera ses hommages à Bobonne, qui aura changé les draps…

– Regarde, il téléphone. Quel goujat ! En pleine dégustation, il allume une cigarette. Le type même du mal embouché, sans éducation. Il paie, donc il a le droit. Le con, quoi !

La chambre 10 est parée de bleu tendre ; un bouquet de tulipes ourlées de jaune vif barre la perspective du rez-de-jardin au-delà de la baie vitrée. Louis est de nouveau saisi d'un mal-être indéfinissable. Il accuse le repas trop riche ou le vin dont il a presque abusé. Il entrouvre la porte-fenêtre, à la recherche de fraîcheur. Un bruissement dans la haie de lauriers du jardinet privatif l'intrigue. Un pas dehors. Furtif, quelqu'un se dérobe à la hâte. Louis se précipite. La voiture de minet démarre en trombe. Louis hurle.

– Le salaud !

Joséphine l'interpelle depuis la salle de bains.

– Qui est un salaud ?

– Le type aux UV ! La voiture de minet ! C'est lui !

– Lui qui ?

– L'espion ! Le pourri qui nous piste depuis… Depuis quand ? Trop tard, il est déjà loin. La guerre est déclarée ! Gino a envoyé les services secrets, je sors l'artillerie lourde. J'attaque !

– Arrête, je t'en supplie ! Pensons à nous !

– J'attaque. Affaire d'hommes. Veux-tu me passer le téléphone ? L'offensive est lancée.

Louis a conservé de son passage en franc-maçonnerie de solides attaches avec des amis sûrs. Quinze ans de fréquentation assidue de la loge Les Amis fraternels n'ont pas été émoussés par un renoncement dont il n'a jamais parlé à Joséphine. Incrédule, elle le regarde compulser un vieux répertoire.

– Allô ? Bonjour, madame. Puis-je parler à Jacques, je vous prie ? Jacques ? Salut, vieux frère ! Louis de La Combe ! J'ai besoin d'un service de la plus haute importance. Je te raconterai. On se reverra. Oui, on mange bientôt ensemble. Promis, tu sauras tout, mais en attendant il me faut le nom du propriétaire de la BMW Z3 bleu métallisé immatriculée 1818W74. C'est vital, frangin d'un jour, frangin de toujours! Immatriculation de garage? Je m'en fous. Débrouille-toi. Tu pioches tous tes dossiers en préfecture et tu me rappelles. Je t'embrasse.

– Mais, Louis, de quoi s'agit-il? Tu ne m'as pas tout dit?

– Pas eu le temps, petite princesse! Trop à faire à te déguster, à savourer. Et puis, il y a des épisodes qui sont tellement enfouis qu'ils n'avaient pu remonter à la surface!

À peine plus d'une demi-heure s'est écoulée. Le téléphone fait sursauter Louis et Joséphine, qui sommeillent dans les fauteuils profonds de la chambre 10.

– Louis de La Combe! Oui, mon frère Jacques, je t'écoute. Attends, je note. Césario Napoli. Attends, tu veux répéter? C'est bien Napoli, le nom? Ne t'énerve pas. Oui, je sais, tu prends des risques. Oui, bien sûr, c'est illégal. Vas-y, mon Jacques, continue! Césario Napoli, 264, avenue de France à Annecy. Quoi? Tu as une fiche des RG? T'es le pape, mon frère! J'écoute. Il a un frère, cadre de direction à France Télécom, surveillé pour fausses factures en matière de marchés publics. C'est chaud, cela. Très chaud. Lui est actuellement sans emploi après avoir été renvoyé d'une boîte de travaux publics pour vol de cuivre sur les chantiers. Il s'apprêterait à s'envoler pour les États-Unis?... Arrête. La suite autour d'une des plus belles tables de la région! Tu piges? Je te rappelle bientôt. Salut et fraternité. La bise trois fois! Ton ex-futur beau-frère, Joséphine... Napoli, l'âme damnée qui voulait ma perte à France Télécom. Te souviens-tu? C'est son frère qui nous poursuit. Gino est derrière tout cela. Ils vont se rejoindre aux États-Unis. Il faut faire vite. Ils ne courront plus longtemps.

– Tu m'effraies, Louis. Cela ne te ressemble pas.

– Ma princesse, j'ai le goût du sang dans la bouche. Un vieux relent de mon époque commando parachutiste!

– Ton époque commando quoi?

– Parachutiste !

– Toi, un parachutiste ? Je rêve. Toi, un agneau, un modèle de douceur, de tendresse, de modération, d'attention, de prévenance. Un commando parachutiste ? Un tueur ?

– N'exagérons rien ! Une réponse à un défi lancé par mon père. Il reprochait à ma mère de me couver et de faire de moi une poule mouillée, une « lavette », disait-il. La lavette s'est balancée d'un avion et a fait du close combat à vingt ans, juste après Mai 68 et les barricades à Lyon. En resterait-il quelque chose ?

– Tu veux bien me laisser le temps de digérer toutes ces révélations ? Je m'y perds. La franc-maçonnerie, passe encore, et tu devras m'expliquer. Mais les commandos parachutistes ? On ne parle pas du même homme, ce n'est pas possible ! Quoi encore ? Tu as été souteneur à Marseille, docker à Hong Kong, tueur d'ours blanc en Alaska, professeur d'araméen à Babylone, amant de la reine Victoria ? Vas-y, annonce, au point où j'en suis ! Pince-moi !

Il se jette sur elle et la saisit à la taille, lui pince les hanches, la presse contre lui, l'embrasse avec une fougue animale, la jette sur le lit et s'abat sur elle. Désarmée, elle se laisse aller.

– As-tu vraiment besoin de tout apprendre de cet autre homme que tu ne connaîtras jamais ? Tu me guides sur ton chemin, ma toute belle. Une vie nouvelle pour un homme nouveau, réconcilié avec la terre entière grâce à toi, voilà ce dont tu es responsable. On s'en tiendra là, non ?

– Non et non ! Je prends, mais en toute connaissance. D'accord ?

– D'accord ! Mais dans la paix retrouvée de notre Seigneurie.

– Banco ! Mais je ne te laisserai aucun répit, mon homme !

– Tout, tout, tu sauras tout sur le...

– Suffit ! Je connais la chanson, et sur ce que tu évoques je sais tout... ou presque ! Coquin !

– On rentre à Champagne.

VII

L'été donne des signes de faiblesse. Les soirées de la fin août ont quelques frissons. En fin d'après-midi, l'herbe sans soleil mouille les pieds à travers les chaussures découvertes. On garde le short, mais on enfile un pull douillet. Le chien espace les sorties et se chauffe le dos devant la cheminée éteinte. Brave copain-chien. Il est l'indispensable compagnie innocente dénuée de fourberie. Avec lui, pas de bluff, pas de tromperie. Il aime son « maîmaître » et sa « petite maîtresse » sans retenue, sans arrière-pensée. Il se veut le compagnon discret, attentif. Il a su se faire oublier tout le temps du tumultueux séjour à l'Ancolie. On l'a presque oublié. Désormais, il reprend possession de la Seigneurie. Il a son canapé, sa place sous le bureau, dans le lit, ses heures de sieste l'œil mi-clos, ses moments de sommeil alangui et ses quarts d'heure de folie douce. Au petit matin, du fond de son sommeil apparemment insondable, un battement de paupières de ses maîtres le fait bondir pour une interminable séance de débarbouillage !

– Louis, le facteur est passé !

Grand Louis dépose sur la table de la cuisine une grande enveloppe bistre en provenance du rectorat de l'académie, un prospectus qui rappelle que dimanche les sapeurs-pompiers vendent des tartes cuites au four communal, le quotidien local et une lettre de La Balme-de-Sillingy.

– On commence par quoi, tendre et douce curieuse ?

– C'est moi qui ouvre l'enveloppe du rectorat ! Oh ! monsieur Louis de La Combe est appelé à exercer les fonctions de professeur d'histoire au collège des Pesses à Annecy. Collège des Pesses ? Pourquoi pas des passenailles ou des culs de poulet ou des pommes tochon ? !

– Tais-toi, tu blasphèmes ! Les tartes aux culs de poulet sont les plus merveilleuses pâtisseries inventées par nos grands-mères. Immangeables sur l'arbre, les prunes rouge foncé deviennent des pépites une fois séchées au soleil sur une planche contre le mur de l'écurie. Le collège des Pesses, tu dis ? Banlieue triste. Population déshéritée. Enfants à la dérive. Tant mieux. J'ai craint d'aller enseigner chez les pots de chambre !

– Pots de chambre ?

– Vieille histoire de mes années collège au lycée Ampère, à Lyon, où tous les élèves ou presque étaient tristes et pâlots comme des vases de nuit, gaunés comme des notaires. C'était au temps de P'tit Louis, le fameux moutardier du pape !

– Plus ça va et plus tu m'inquiètes ! J'ai du mal à suivre !

– Normal, jeunette, tu n'étais pas née !

– Oui, mon vieux. Et ta lettre de La Balme, adressée à monsieur et seulement à lui ?

– C'est moins réjouissant. Ma vieille cousine, la Louise, la Marie-Louise qui a gardé ma mémé jusqu'à son dernier souffle, vient de trépasser. Enterrement demain à neuf heures. C'est juste un faire-part de décès. J'irai.

Louis ouvre le journal, les coudes sur les pages dépliées. D'abord la météo, puis les avis de décès. Il y a l'enterrement de la Louise qui est annoncé. Louis est cité dans la liste de la famille. Il y est sensible. Chez les de La Combe, on a le respect des traditions et le culte des morts. La Bourse, ensuite, et les tribulations irritantes du CAC 40, sujet au yo-yo et objet de spéculations. Dans tous les cas, Louis maudit France Télécom, qui n'a pas su préserver son monopole confortable et se défendre des raids des concurrents. Décevant. Il ne regrette pas d'avoir quitté cet univers incertain où il n'avait plus ses marques. À rebours, il feuillette les pages des sports, puis les locales, toujours riches de la culture de terroir qui lui colle tant à la peau.

– Tiens, c'est sympa ! Il y a une vente annoncée de diots cuits aux sarments de vigne à la Combe. On ira, ma puce ?

– Tu m'amuses avec ton épluchage des patelins du coin ! Après les tartes des pompiers de La Balme, on casse la croûte en faisant du grand tourisme !

– Rien que pour t'embêter, je continue… Les pompiers de Pringy préparent un dîner dansant avec poule au riz au menu. Le garde-champêtre de Sallenôves prend sa retraite. C'est monsieur Tabouret et on lui a offert un fauteuil pour aller à la pêche à la ligne. C'est rigolo. Écoute la meilleure : on est tous conviés à déguster le boudin des donneurs de sang de Rumilly. Je me marre. Ils recyclent les déchets !

– Tais-toi donc et viens m'aider à peler les tartifles !

– Madame se met à parler le patois, maintenant ! On aura tout vu. Tu sais comment on appelle les patates, dans l'Ain ?

– M'en fiche !

– Tu as tort. On les appelle des truffes.

– J'irai bien en déguster chez Veyrat, un jour, non ?

– Quand la Bourse aura remonté…

– Autrement dit, quand les poules auront des dents.

– Non, quand les poules pisseront !

– Très drôle ! C'est tout ce qu'il y a dans ton journal ?

– Attends, je passe aux faits divers. Hou là ! il y a eu un sacré carton au bord des Usses. Je lis : « Dramatique sortie de route à Serrasson, deux morts. La vitesse en accusation ? Hier, en fin de soirée, une automobile de sport avec à son bord deux hommes a effectué une sortie de route dans les virages des Usses. Après avoir mordu l'accotement en sortie d'un virage, la voiture rapide a effectué plusieurs tonneaux avant de s'immobiliser dans le lit du torrent, sur le toit. Les deux passagers n'ont pu s'extraire et, malgré l'arrivée rapide des secours, on n'a pu que constater le décès des occupants, vraisemblablement tués sur le coup. D'après les premières constatations de la gendarmerie, le véhicule serait une BMW Z3, immatriculée dans notre département. » Joséphine, tu as entendu ?

– Tu devrais passer un coup de fil à la gendarmerie.

– Ils ne me diront rien, à moins de leur monter un bateau. Je n'ai pas envie. Je vais plutôt appeler un vieux frère au centre départemental d'alerte des pompiers.

– Dépêche-toi !

Louis consulte un vieux répertoire écorné tiré d'un tiroir de son bureau.

– Centre de traitement de l'alerte, bonjour !

– Bonjour, puis-je parler au commandant Lavorel ? Jean-Pierre, salut ! Louis de La Combe ! J'ai besoin d'un tuyau concernant un carton au bord des Usses, avant-hier soir. Je subodore qu'une des victimes au moins est en relation avec les déboires conjugaux de Joséphine. Oui, j'attends. Oui, je sais que la procédure est exceptionnelle. Oui, je sais que je te devrai un coup de pétillant de Seyssel, vieille canaille !

Louis entend le commandant Lavorel réclamer des listings d'interventions.

– Grand Louis ? Tes deux gars ont entre trente et quarante ans. Pas d'alcool, mais présomption de produits stupéfiants. L'un est mort sur le coup d'un éclatement de la boîte crânienne, l'autre dans l'ambulance des pompiers à la suite d'une hémorragie interne. Vraisemblablement la rate. C'est tout ce que je peux te dire !

– Tu n'as pas leur identité ?

– Pour cela, tu vois les gendarmes.

– Attends, ne me dis pas que tu n'as pas leur identité !

– C'est pas notre boulot !

– À part les gendarmes, je fais comment ?

– Ils te feront peur toute ta vie, ces gars-là ! Depuis Mai 68, tu n'as jamais été guéri ! Tu es un vrai gamin, P'tit Louis ! À part les gendarmes, tu vois les pompiers de Frangy. Ils ont les identités sur leurs registres d'interventions. Ils ne sont pas obligés de te répondre. Mais alors pas du tout.

Après avoir raccroché, Louis reste immobile. Perplexe. Il pense à voix haute. « Ce ne peut être que notre homme. Mais l'autre ? Qui ? Et si ce n'était pas lui ? Une coïncidence ? Une fausse piste ? La voiture était de quelle couleur ? Ce n'est mentionné nulle part… La voiture ! Oui, la voiture, il faut voir la voiture ! »

Le garage des Usses est au bord de la route, à Bonlieu. Louis aime passer le long des granges de Bonlieu entre Frangy et La Balme-de-Sillingy. Un modeste bâtiment agricole, anonyme bâtisse de pierres, est en fait le vestige de la puissante abbaye de Bonlieu. La réquisition des biens du clergé à la Révolution a sauvé de la ruine ce bâtiment, qui, en perdant sa fonction religieuse, a gagné une vocation agricole. À la place de la besogneuse tâche des moines et moniales qui se sont succédé dans ces replis de terres isolées s'entasse le fourrage, nourriture ô combien terrestre ! Et c'est dans ce pré, sous les engins agricoles, qu'ont reposé les dépouilles des religieux. La route écrase avec arrogance un lieu de repos et de répit, dans l'ignorance du sacrilège ! Passant, souviens-toi !

Le cimetière des voitures est à l'écart. Louis part à la recherche de la BMW. Elle est entreposée au bord du chemin d'accès, au pied d'un amoncellement de carcasses rouillées, empilées, sculptures oniriques ou plutôt reflet encombrant de la société de consommation. « L'homme consomme des automobiles, mais aujourd'hui c'est la bagnole qui a consommé des hommes ! » se dit Louis, réjoui d'être dissimulé aux regards des gens du garage. C'est incontestablement la voiture qui lui a filé sous le nez à Cruseilles. Posé ou plutôt déchargé sans soin ni ménagement, à cheval sur un tas de pierres, le véhicule est entièrement écrasé. Les pompiers ont découpé les éléments du pavillon, qui encombrent maintenant les sièges. De larges éclaboussures de sang ont aspergé l'intérieur. Personne ne s'est inquiété de venir débarrasser les vide-poches, dont le contenu s'est répandu dans l'habitacle. Louis entreprend l'inventaire : lampe-torche, étuis de mouchoirs en papier, stylos publicitaires, une chaussure, des cartes routières… Finalement, il décide de tout emporter en vrac dans un sac en plastique. Il triera à la maison.

Méticuleusement, Louis dépose son précieux chargement sur la table du salon, près de la cheminée. Le chien pose les deux pattes sur la table et se met à fouiner dans le sac.

– Tout doux, mon dadais ! C'est loin d'être les courses du supermarché. Si ça sent, c'est sûrement pas de la bonne popote ! Allez, bouge ton nez !

Le chien bat en retraite, pas content du tout. Rien à renifler, rien à goûter ? Mais où il en est, le maître ? Les bonnes habitudes se perdraient-elles ?

Joséphine a rejoint Louis auprès de son bureau. La moisson est étalée devant eux. Pas ragoûtante. Des salissures de sang souillent les objets et documents. Ils décident de prendre des gants de cuisine. Commence alors la sinistre prospection. Un carnet d'écolier à spirale retient leur attention. Il semble neuf. Au dos, une étiquette de commerçant indique la date et le lieu de l'achat : Saint-Pierre-de-Chartreuse, il y a cinq jours. Dans la spirale est enfoncé un stylo à bille publicitaire du Crédit agricole de Cruseilles. À l'intérieur sont griffonnées des indications pêle-mêle, sans souci des lignes horizontales et des pages. Il s'agit en fait des dates, lieux et heures où chaque fait et geste de Louis et Joséphine a été scruté, épié et consigné enfin. Ils ont été espionnés sans cesse depuis leur arrivée à Saint-Pierre-de-Chartreuse. Pétrifiée, Joséphine reste sans voix, tétanisée. Sur le bureau, dépassant à peine d'une carte routière mentionnant tous leurs trajets, une photographie a surgi.

– Louis, regarde ! C'est moi, là, en maillot de bain, en train de ramasser des groseilles au fond du jardin. Souviens-toi. Le lendemain matin, Gino était sous nos fenêtres, en pleine crise ! Quelle horreur ! Nous avons été constamment disséqués, violés, profanés à notre insu. Que comprendre ?

– Ce que je comprends, c'est que ce Napoli travaillait pour Gino et le renseignait par téléphone portable minute par minute. Il n'apparaissait pas personnellement. Nos soupçons n'ont jamais été éveillés.

Au dos de la photographie figurent une date, celle de l'accident, et une phrase sibylline : « Rendez-vous dégustation Champagne et sauterie. Buffet froid assuré par nos soins. Signé Gino. »

Après de longs instants d'un silence angoissant, Louis, les yeux toujours fixés sur le texte, se lève, prend tendrement Joséphine par l'épaule et, très lentement, lui explique :

– Joséphine, ma belle, ma douce, ma vie, sans le carton dans les Usses, je t'aurais perdue. Ce soir, le chien et moi, nous serions en train de préparer notre suicide.

– Tais-toi, Louis. Que veux-tu dire ? Explique-toi ! Je ne comprends rien.

– C'est pourtant si simple ! La photo est là pour que Napoli te situe physiquement avec précision. Le soir de l'accident, il a rendez-vous avec Gino pour te supprimer. « Dégustation Champagne et sauterie », autrement dit : « Rendez-vous à Champagne et meurtre ». « Buffet froid assuré par nos soins. Signé Gino », autrement dit : « C'est nous qui nous chargeons de la basse besogne. Signé Gino ». C'est on ne peut plus clair. Les deux victimes de l'accident sont Napoli et Gino. Ils étaient en route pour venir te – ou nous – refroidir. Peut-être que le fait de les avoir débusqués à l'Ancolie a déjoué leurs plans. Ils ont tenté de nous précéder sur la route de Champagne. Rappelle-toi le détail du rapport des pompiers : « Suspicion de produits stupéfiants ». Ils étaient camés à bloc pour avoir la force d'accomplir leurs saloperies. C'est ce qui nous a sauvés. Le pilote s'est senti des ailes en approchant de chez nous…

Joséphine n'est plus aux côtés de Louis. Il l'entend vomir bruyamment, enfermée dans les toilettes. Il n'a pas eu besoin de lui faire un dessin. Les messages ont été trop limpides pour souffrir l'ombre d'un doute.

VIII

Le lendemain matin déchante. Le ciel est bas et chargé. Il pleut. Il tombe des ficelles grises et translucides, serrées, qui estompent les lignes de crêtes. Les vignes de la roussette de Desingy sont noyées dans une brume mouillée et changeante, accrochée si bas que l'on dirait une vapeur montée de la vallée pour camoufler les pièces de vignobles tirées au cordeau. Ce matin, on enterre la Louise à Sillingy. Louis ira seul. Joséphine est anéantie. Elle a besoin de repos, de répit, d'un entracte d'immobilité et de léthargie. Elle n'aspire qu'à une inerte stagnation de tout son corps ankylosé.

La pluie redouble de violence quand Louis arrive à l'église de Sillingy. Depuis une demi-heure, une envie pressante et puissante le taraude. Pas moyen de s'arrêter avec ce fichu temps ! Tant pis ! Il ne tiendra pas plus longtemps. Le fait de se déplier hors de la voiture accentue les pincements sournois, annonciateurs d'une délivrance inopinée. La fraîcheur du dehors, les cinglements de l'eau sur le talus gorgé d'humidité, l'imminence de l'arrivée du corbillard intensifient encore le supplice. Sur le parvis de l'église, un groupe se forme. Louis reconnaît ses cousins et cousines et puis aussi de vieux amis de Marie-Louise. Ils font des signes appuyés pour qu'il se joigne à eux. Louis retient son souffle, crispe ses abdominaux, marche à pas mesurés, évite de penser à ce flot bientôt jaillissant et maugrée en songeant au vaste bol de café qu'il a imprudemment avalé ce matin !

« C'est pas possible, mais c'est pas vrai… Jamais je ne vais pouvoir aller jusqu'à l'église. Je n'y tiens plus, mais plus ! Oui, les cousins, oui, oui, j'arrive, mais attendez voir un moment. Il y a urgence, grave urgence ! Et la pluie qui débaroule et je me mouille en dehors. Gare, bientôt ce sera en dedans ! Je n'en peux plus. Vite, un coin tranquille ! Non, pas là, il y a un vieux qui monte à l'enterrement, ni là, deux gamines avec un bouquet de fleurs se serrent sous la radée glaciale. Oh, là, là ! je coince ! Je fais un rêve… Je me vois en train de me soulager comme un mort de faim à table dans les toilettes ultrasophistiquées de la tour Montparnasse. Je rêve. J'en rêve. J'étais si bien, là-bas. Rien que pour cela ! Tout, en ces lieux, n'était que luxe, calme et volupté… Mais ici, dans ce pays paumé, sous l'eau du ciel, je suis perdu, affolé, gagné par la panique. Tant pis ! je me jette dans l'encoignure de la porte de la grange, là, juste en face de la porte de l'église. Mon costume gris se confond avec la muraille grisâtre en pierres de molasse des Usses. Non, vraiment, non, personne ne peut me découvrir dans cet angle de mur. Je suis en tenue de camouflage. J'y vais. Allez, aux armes ! C'est parti ! Plus la flaque gagne du terrain sur mes mocassins, plus elle se glisse mollement sous la porte de la grange, se mêlant peu à peu à la sécheresse de la terre battue noirâtre et poudreuse. La poussière se fige, se cimente. Le temps s'écoule délicieusement. Rien n'arrête cette délivrance… »

Sauf que la porte de la grange vient de s'entrouvrir ! Une très vieille dame aux cheveux d'argent, sac à main noir en toile cirée et parapluie au bras, se glisse discrètement hors de la bâtisse, les vantaux à peine écartés. Louis savoure cet instant exquis où les esprits lui reviennent en même temps qu'une plénitude mêlée de contentement. Satisfaction, bien-être et soulagement !

– Qu'est-ce que c'est que ce caillon qui pisse sur mon mur ? Un monsieur en cravate et souliers bas ! On aura tout vu ! Mais c'est pas Dieu possible, des visions pareilles…

– Madame, laissez-moi vous expliquer…

– Expliquer quoi, jeune homme ? Il n'y a rien à expliquer ! Même mon pauvre mari, le Glaudius, ne se serait pas permis des saletés pareilles. Et pourtant, il n'était pas le dernier pour se soulager n'importe où. Mais, là, contre une maison ! Jamais il n'aurait fait ça, le Glaudius ! Au jardin dans une haie, à travers le grillage du poulailler, dans la paille… oui, d'accord, mais chez nous d'abord, pas chez les autres ! Et puis, le Glaudius, il se serait raboutonné devant une dame. Vous avez vu, non mais, vous avez vu le tableau ? Le pan de chemise qui sort de la bragounette. Vicieux, va ! Foutez le camp ou j'appelle le boulanger, les gendarmes, monsieur le curé, la Fifine et le chien ! Allez, ouste ! Loin, mal dégrossi de la ville, galapiat ! C'est u'nhonte !

– Une honte, madame… Une et, plus loin, honte !

– Malpoli ! Me faire ça le jour de l'enterrement de la Marie-Louise ! Elle qui était si pudique que jamais elle n'aurait regardé un homme en face sans rougir !

– Cela m'étonnerait !

– Jésus, Marie, Joseph, il blasphème sur le dos de la morte ! Démons des enfers, venez le crucifier !

– Pas tout de suite, chère madame. La Marie-Louise est ma cousine, et ce n'est pas le François, rencontré à la Combe, qui oserait dire qu'elle n'a jamais regardé un homme en face ! Elle l'a plutôt regardé de haut en bas et de bas en haut. Elle a eu le temps, vu comme ils ont estropié les ressorts du sommier. Ah ! Marie-Louise, quel tempérament ! La femme idéale pour un costaud comme le François ! Pas vrai, chère madame ? Et pour ça aussi, le Glaudius était peut-être le meilleur ? Ça m'étonnerait fort, vu comme sa vieille femme est restée aigrie ! Allez, mamie, il faut aller vous mettre au chaud à l'église, le p'tit Jésus va vous réconforter. Et, au fait, en parlant de lui, n'oubliez pas de lui raboutasser sa bragounette… !

La vieille dame, folle de rage, s'est enfuie en proférant à voix basse des mots à peine audibles. Louis a entendu « déshonneur, bafouer, avili, excommunication, castrer »

Il pleut à verse, et à Sillingy la cérémonie débute. La petite église perchée sur la colline est à moitié vide. Louis entre sur la pointe des pieds. Il est glacé par l'averse, et ce n'est pas la froideur des lieux qui peut le réchauffer. Les femmes occupent les bancs de gauche, les hommes, ceux de droite. Seules deux ou trois vieilles femmes accompagnent par le chant l'entrée du prêtre. « Étonnant », se dit Louis. Le curé est un jeune Noir, à l'élocution très mesurée. Il a l'air réservé des éternels étudiants, grave, sérieux. On le dirait en mission en territoire inconnu. Qu'il est loin, le curé d'Épagny, bonhomme et sévère à la fois, qui avait fait toute sa carrière au même endroit ! Un imperceptible pincement d'émotion envahit Grand Louis. Le chant religieux maladroitement entonné par ces voix affaiblies le ramène près de cinquante ans en arrière lorsqu'il était enfant de chœur. Il n'y a plus d'enfants de chœur, aujourd'hui. C'est une dame du village qui seconde le curé pendant son office. Il n'y a plus non plus le chœur des jeunes filles et de leurs mères. Ce chœur mettait en émoi P'tit Louis, car, au milieu de toutes les voix à l'unisson, il n'entendait que celle de sa chérie, sa bien-aimée pour la vie. L'église à moitié vide est soudain d'une tristesse infinie. Elle ne résonne pas de cette communion des esprits et des cœurs qui attire tout le monde le dimanche matin. On ne comprenait rien à la messe en latin, on ânonnait les cantiques, qui n'avaient ni queue ni tête pour qui ne savait les traduire, mais ces complaintes vous enveloppaient à vous rendre léger comme une plume. C'était beau, la messe du dimanche à Épagny ! Aujourd'hui on se croirait dans un musée visité par les derniers valides de la maison de retraite. Ce gentil petit curé noir, cela cloche un peu en terre savoyarde ! Que sont-ils devenus, les copains du petit séminaire qui défilaient à la queue leu leu dans les rues du village et qui ramassaient des trognons de pomme sur le nez au passage ? Louis a la gorge un peu nouée. Le temps a passé si vite ! Il a quitté Louise au décès de la mémé, il y a bien longtemps. Elle a pu alors marier le François en toute tranquillité. Ce n'est qu'après la mort de la mémé que Louise a pu commencer à vivre. Une vie qui commence à quarante ans passés et qui finit déjà. « C'est pas juste », se dit Louis. Tandis que le gentil petit curé noir prépare la communion et que la dame anonyme astique le ciboire, il s'interroge sur ce qu'il a fait de sa vie. Il voulait à tout prix devenir « professeur des histoires » pour instruire le pépé et la mémé, qui aimaient tant raconter le passé. Il va enfin exaucer le vœu de P'tit Louis… quarante ans après ! Il enseignera l'histoire dans quelques semaines, dès la prochaine rentrée scolaire. Quelle histoire ? Pour quels élèves ? A-t-il tort, a-t-il raison ? Aura-t-il la patience, saura-t-il accepter le poids de la hiérarchie, lui qui a passé le plus clair de son temps à commander, décider, diriger ? Et tout ce temps passé loin de la terre de son enfance l'aurait-il à ce point transformé qu'il se sent tout perdu sous les voûtes sombres de l'église ?

Pendant des années on lui a reconnu des qualités de « manager-décideur », bla-bla insipide d'une société parisienne technocratique en mal de qualificatifs trompeurs. P'tit Louis est devenu insaisissable, évanoui, évaporé dans les coursives inspirées de la direction générale de France Télécom à la tour Montparnasse. Louis est pris en flagrant délit de réflexion à voix haute…

– Direction générale, mon cul !

Une partie de l'assistance se retourne. Ceux qui se dirigent vers l'autel pour recueillir la communion le fusillent du regard. La vieille dame au Glaudius parvient à sa hauteur et lui glisse :

– Vous avez bu. Comme c'est dégoûtant, des choses pareilles à notre époque…

Grand Louis est en larmes. Il n'en peut plus. « Louise va se faire enterrer sans moi, et avec elle tous mes souvenirs d'enfance. À r'vi, Marilou. Je n'ai pas ma place ici. »

Claquement de portière, démarrage en trombe, dérapage sous les rafales. Louis a les cheveux trempés de pluie et les joues inondées de larmes.

Retour rageur à la Seigneurie.

– Joséphine, oh, oh ! T'es où, jeune fille, ma gamine, ma mine ?

– Je lis dans le salon. Viens !

Grand Louis s'effondre sur le long canapé vert bronze, face à la cheminée. Il bouscule le chien pelotonné contre sa petite maîtresse. Yeux réprobateurs et air résigné, il s'efface devant son chef de meute.

– Tu as l'air complètement occis, mon grand ! C'est lourd à porter, l'enterrement d'un bout de son enfance. Pas vrai ?

– Tu comprends tout, toi. Tu es la femme idéale qu'il me fallait. L'âme sœur. Le petit bout de puzzle. À nous deux, on ne forme qu'un. On tient sacrément la route !

– Notre route, monsieur de… Et je te promets qu'elle va être longue. Tant pis pour toi ! Raconte-moi la sépulture de Marilou.

– Affaire vite classée…

– Pardon ?

– J'ai dit, vénérable maîtresse : vite classée. Première étape, la morosité et la pluie ; deuxième étape, effronterie et cynisme ; troisième, désenchantement, mélancolie et chagrin.

– Plus clairement et bien résumé, cela donne quoi, s'il te plaît ?

– Cela donne que j'ai trouvé le moyen de me faire tremper jusqu'à la culotte, de m'être conduit comme un goujat avec une vieille dame et, finalement, de partir avant la fin de la cérémonie, gagné par une irrésistible envie de te retrouver.

– Trempé par l'averse, ce n'est pas grave. Envie de me retrouver, c'est bien le moins, mon cher. Mais goujat envers une vieille dame, là, monsieur, j'exige des explications !

– C'est bien simple. Pris par une indomptable envie de me soulager, j'ai choisi le porche d'une grange !

– Louis, combien de fois t'ai-je dit que je ne supportais pas ces manières de rustre !

– Laisse pisser !

– Très drôle, monsieur sans-gêne, continue.

– Donc, c'est vrai, je continue jusqu'à ce qu'une vieille dame me surprenne en plein exercice contre sa maison. Elle n'a pas aimé du tout, la mamie, mais alors pas du tout !

– Non mais tu te rends compte ? La mamie… Et puis quoi

encore ? Tu souilles sa maison, tu lui reproches ses remarques, tu méprises son indignation ! Moi aussi, je suis indignée. Tu me fais honte, Louis !

– C'est tout ? Si on ne peut plus pisser tranquillement sans que la terre entière menace de porter plainte… Quand j'étais gamin, j'arrosais le jardin du pépé par la fenêtre de ma chambre sans que personne n'y trouve à redire !

– Louis, P'tit Louis a grandi et toi avec. Mais qu'est-ce qu'il t'a fait, P'tit Louis, pour que tu l'embarques dans tes poches à chacune de tes sorties ? Il m'est arrivé un jour de tomber pétrifiée devant les manières chevaleresques d'un monsieur de La Combe. Ce grand monsieur m'a emballée par ses attitudes grandioses, ses élégances, son panache. Monsieur de La Combe m'a appris à aimer, à m'aimer, à aimer l'amour. Sa générosité, ses prévenances, ses délicatesses en actes et en paroles ont été et sont encore un enchantement. Tu ne peux trahir ta vraie nature, Louis. Ta grandeur d'âme te vient du fond des âges. D'après ce que j'ai pu comprendre, P'tit Louis n'a jamais manqué d'élégance et de finesse. Que fais-tu de cet héritage, Louis ? Tu ne sais pas sortir de ton enfance. Elle est ton patrimoine, ton pays natal. Tu l'as définitivement quitté, ton pays natal ! Tu n'y retourneras plus jamais. Jamais, Louis, tu m'entends ?

Louis n'entend pas. Il n'est pas près de rompre le contrat avec P'tit Louis, il ne résiliera pas l'assurance de le retrouver chaque fois qu'il a besoin de nourriture spirituelle ou de se construire un peu mieux, un peu plus. A-t-il seulement quitté le monde de son enfance ? Il porte des costumes souvent trop grands pour lui. Il joue une partition de ténor avec une voix de gamin. À quoi bon déserter l'enfance quand tous les repères et signaux lui montrent le chemin ? Il a faim de chaleur, besoin qu'on l'aime, qu'on lui dise, qu'on lui montre. Il ressent un indicible désir de prouver l'ardeur de ses sentiments. Sans un mot, il entraîne Joséphine vers la chambre bleue. Il la presse contre lui, fou de désir, assoiffé de contact avec cette petite femme attiédie par l'envie de rendre son homme heureux. D'un geste sûr et décidé, il relève promptement sa jupe mauve parsemée de fleurettes mordorées. Louis entreprend de frôler précautionneusement le haut de la cuisse de Joséphine du bout de ses doigts tremblants. Il l'enveloppe de son bras gauche en pressant sa taille contre son ventre tendu tandis que la main droite explore minutieusement la commissure du slip immaculé qu'il fait lentement glisser. Un doigt expert se glisse sans impatience dans l'anatomie pulpeuse de Joséphine. Elle semble si minuscule dans les bras puissants de son homme, dont elle sent battre le cœur contre ses seins parcourus de tressaillements. Avec une douceur bouleversante, Louis relâche un peu son étreinte pour mieux la plaquer contre lui. Elle a le souffle court. Son ventre est troublé par de légers spasmes. Les chairs de sa poitrine se gonflent sous les assauts délicats de l'énergique main gauche remontée le long de l'échine. Louis marque de ses ongles ce dos cambré par le désir, agité par un long mouvement de bas en haut. Parvenu à l'attache du soutien-gorge, il libère le sous-vêtement. Joséphine est chancelante. Il lui semble qu'elle est déjà nue. C'est irrésistible. Malgré elle, elle sent son bas-ventre cogner la jambe musclée de Louis. Il ôte avec une infinie légèreté le corsage de la jeune femme, totalement soumise. Le soutien-gorge aux fines dentelles laisse échapper les rondeurs juvéniles d'une poitrine impertinente. La jupe mauve parsemée de fleurettes mordorées gît à terre, piétinée par l'impatience des deux amants. Le slip cache à peine l'intimité duveteuse de Joséphine. Louis finit de le faire glisser le long des jambes. Il reste à Joséphine juste ce qu'il faut d'énergie pour s'en débarrasser. Elle est entièrement nue. Petite femme généreuse aux formes délicieuses, offerte tout entière à l'homme de sa vie, qui sait si bien la révéler à elle-même. En se dévêtant, Louis la fait reculer jusqu'au lit. Elle s'effondre, vaincue par le désir de n'être qu'à lui, rien qu'à lui. Elle l'aime, animée d'une passion sans limites. Terrassée, sur le dos, les jambes hors du lit, les pieds reposant sur le sol, elle ressent un merveilleux frisson quand Louis, à genoux, entre ses jambes à peine écartées, entreprend de lui lécher les chevilles. Il lui humecte l'intérieur des mollets, l'un après l'autre, avec une gourmandise passionnée, déguste le pli des genoux et accompagne chaque mouvement des lèvres d'une caresse précise infiniment suggestive. Parvenu enfin aux rivages des cuisses de sa belle, il enfouit la tête et, en expert, il allonge les bras à la découverte sans hésitation des douceurs de la poitrine de Joséphine, qui laisse échapper d'imperceptibles gémissements. Un instant, laissant ses doigts errer tendrement sur les fruits mûrs de la jeune femme, il laisse reposer sa tête sur le ventre duveteux et tiède, qu'il sent frémir puis doucement s'agiter. Louis est au comble de la félicité. Il aimerait à cet instant défaillir, mais la perspective d'une étreinte amoureuse et profondément câline le stimule vigoureusement. À mesure qu'il cajole d'un délicieux pincement les trésors dilatés de sa belle, sa virilité exacerbée envoie des signaux irrécusables le long de la jambe de Joséphine. Au comble du désir de possession, il parcourt voluptueusement l'intimité suavement offerte. Il s'enivre d'une liqueur distillée des profondeurs des entrailles de Joséphine, béante, qui accompagne cette exploration de légers mouvements de consentement. Elle gémit, exprime des plaintes syncopées, interrompues par des cambrures saccadées de tout son être. Sans quitter un instant ce corps si convoité, les lèvres de Louis rejoignent celles de Joséphine, et, avec la précaution d'un amant bouleversé, il soude son corps à celui de sa bien-aimée. Il retarde avec maîtrise le moment d'inonder cet étui parfaitement à sa mesure, attend un signe d'impatience de Joséphine et, au moment où tel un animal blessé elle se met à pousser des cris rauques de supplique, il laisse s'épancher ce divin nectar qu'elle reçoit comme une ondée bienfaisante.

La sonnerie exaspérante du téléphone tire les deux amoureux de leur engourdissement. Nue et encore chancelante, Joséphine s'annonce d'une voix pâteuse.

– Joséphine Chamois, j'écoute !

– Joséphine, c'est ta tante Jeannette, la sœur de ton père !

– Merci, je n'ai pas encore perdu la mémoire au point d'oublier la généalogie. Ça va, tante ? Depuis le temps que je n'avais plus de nouvelles de la famille !

– T'en as plus parce que t'en as jamais demandé, tiens !

– Et toi et tous les autres, vous vous êtes inquiétés de savoir ce que je devenais ?

– Avec tout le mal que tu as fait à tes parents, il fallait bien qu'on les entoure… Tu penses, ils avaient une seule fille et elle les a abandonnés.

– Attends voir un peu ! « Ils avaient », que tu dis ? Je ne suis pas encore morte, à ce que je sais !

– Pour eux, c'est du pareil au même. Avec tout ce qu'ils ont fait pour toi, et finir comme ça !

– Arrête, arrête vite, la tante. Je connais le refrain et les paroles. Par contre, toi, la vérité, tu ne la connais pas, parce que tu ne veux pas la connaître, et vous tous, vous êtes des moutons. Quand il y en a un qui gémit, c'est tout le troupeau qui se met à bêler. Vous vous en fichez pas mal, du sort des autres, pourvu que vos dimanches de gueuleton ne soient pas perturbés ! Hein, la tante ? Tout pour la peau du ventre et le livret de caisse d'épargne, et en troupeau, s'il vous plaît !

– Tu fais ta fière, dans ta maison de Champagne, avec ton vieux beau et sa voiture américaine…

– Allemande, la voiture, allemande. Boche, si tu aimes mieux. Tu comprends, comme cela ? Si tu sais tous ces détails, c'est que vous êtes venus en délégation sous mes fenêtres. N'est-ce pas ? Vous avez enquêté chez l'épicier, sans doute, et à la poste et à la pharmacie et à la mairie aussi, vu que ton mari, qui a été maire de son trou perdu il y a trente ans, se fait encore péter le col de chemise quand il en parle. Au fait, tu m'appelles pour quoi ?

Grand Louis s'impatiente. Il n'accepte pas que la famille de Joséphine vienne la tourmenter jusque dans leur délicieuse

Seigneurie de Champagne. Elle a métamorphosé cette demeure, l'a rajeunie, époussetée et toilettée au point de lui donner la vie, et pas n'importe laquelle. Elle lui a redonné la vie d'antan, celle des grands rassemblements de famille où, au coude à coude, les ancêtres de Louis chantaient d'une seule voix Étoile des neiges ou, mieux encore, Les Allobroges. Ah ! Les Allobroges ! Quand le grand-père attaquait les premières mesures, tout le monde levait religieusement son verre comme un calice. C'était comme une célébration, une communion, une grand-messe à la gloire des Savoyards du monde entier. « Je te salue, ô terre hospitalière, où le malheur trouve protection, d'un peuple libre, arborant la bannière, je vins fêter la constitution... Allobroges vaillants... » Et soudain Grand Louis se met à hurler dans la pièce : « Allô Broges vaillants, allô, allô ! » Joséphine lui intime le silence. Elle n'entend plus la tante Jeannette qui essaie de placer son couplet.

– Je t'appelle, Joséphine, pour te dire que ta mère est à l'hôpital.

Sans reprendre sa respiration, de peur que Joséphine ne l'interrompe, elle poursuit :

– Elle a tombé au jardin, mardi dernier. Ça l'a prise en sarclant les carottes. Elle a eu du mal à souffler. C'est pas ta mère, ça, si costaude et si dure au mal. Ton père l'a relevée sans connaissance. Elle est revenue à elle dans la voiture des pompiers. Ça va mieux. Les docteurs ne savent pas ce qu'il lui a pris...

– Moi, je sais, tante. C'est la méchanceté qui l'a étouffée. Elle a eu un caillot d'orgueil qui lui a bouché l'artère de la gentillesse. On n'en meurt pas, mais on peut rester idiot. Tu remercieras mon père de m'avoir prévenue rapidement. D'accord ?

– J'sais plus quoi en dire.

– Alors tais-toi. La bise et à r'vi, la tante. À plus.

Louis, rhabillé, sirote une petite roussette de Frangy. Joséphine, en train de se rajuster, le rejoint.

– Tu arroses quoi, au juste ?

– J'ai cru comprendre. Si seulement le temps de l'hospitalisation pouvait être le temps de la réflexion...

– Détrompe-toi. Son malaise n'a qu'une seule et unique origine : sa fille dépravée et oublieuse, égoïste, ingrate, indifférente au cœur sec. J'appellerai l'hôpital. Ce sera suffisant. Toute la smala va faire bloc autour de mon père. Il est bien à l'abri. De toute façon, la fierté et l'orgueil les étouffent. Jamais ils n'accepteront mon bien-être indépendamment de leur tutelle. Je ne serai toujours que la petite fille soumise, silencieuse, polie et dont on est fier. Celle que l'on montre et à travers laquelle on se mire comme dans un lac de pureté. Sinon, c'est l'oubli, l'ostracisme, le bannissement à jamais. Louis, mon grand, je n'ai que toi, rien que toi. Avec toi, j'ai découvert la vie, et avec la vie l'amour, et avec l'amour la profondeur insondable des sentiments. J'ai appris que la vérité est invisible à l'œil nu, que les biens matériels ne sont rien comparés aux richesses du cœur, de l'esprit, de l'âme.

– Qu'as-tu appris durant tes longues années de pensionnat religieux ?

– À faire confiance à tout le monde, stupidement, naïvement, à céder aux hypocrites, à dire aux autres ce qu'ils ont envie d'entendre. À m'oublier.

– Ma douce mère en est morte.

– Morte de quoi ?

– Morte de désespoir, de lassitude, de désenchantement. Morte de n'avoir pu à elle seule rendre l'humanité tout entière bonne et heureuse. Attention, chérie, à cette pente douce de la mansuétude qui se nourrit de pardon, d'indulgence accordés d'avance. L'homme est un loup pour l'homme, et réciproquement. Ce n'est pas de moi.

– Vieux désabusé, va, vieux cynique que j'aime !

– Vieux quoi encore ?

– Vieux séducteur, toujours plus jeune !

– La jeunesse ! Parlons-en. Tous mes amis, qui sont des

menteurs, me disent que je reverdis, que je rajeunis. C'est grâce à toi, ma Joséphine. Tu as redonné vie à cette maison et tu m'as redonné goût à la vie, à la vie à deux. Parvenu au demi-siècle, je me suis convaincu que l'essentiel était derrière moi. Placidement, je me suis mis à attendre que les automnes succédant aux automnes me poussent paisiblement vers l'hiver, lieu de toutes les solitudes et les froideurs. J'ai eu le sentiment que tout était dit, accompli, que tout ne serait que recommencement chaque fois plus fané. Et puis, un enchantement t'a déposée sur mon chemin, dans un halo scintillant d'étoiles. En m'abreuvant à la source de ta jeunesse gracieuse, élégante, espiègle, tantôt mutine, tantôt friponne, j'ai succombé dans l'ivresse du philtre magique.

– Tu es adorable !

– Alors, adore-moi un peu, mais… continue !

– Louis, il y a longtemps que nous ne nous sommes pas offert un bon restaurant…

– Chiche ! Dans deux heures on est à Lyon. On se paye un fabuleux bouchon ! On emmène le chien. Regarde-le, il est déjà sur son trente et un !

IX

Louis gare la Mercedes au sous-sol du parking de l'ancien palais de justice de Lyon, les « vingt-quatre colonnes ». La Saône s'alanguit avec insolence dans le clair-obscur des lueurs discrètes des quais. Louis offre un petit tour sur le bas-port au chien indifférent à la majesté de la cathédrale Saint-Jean. Des touffes d'herbes folles caressent les rebords luisants des pavés usés.

– Tu vois, ma belle chérie, c'est ici qu'au temps de P'tit Louis, au temps d'un long séjour lyonnais, je venais regarder pendant des heures les blanchisseuses abritées par les plattes.

– Les quoi ?

– Des bateaux à fond plat et au centre évidé, recouverts d'une bâche. Tout autour, de fortes femmes frottaient le linge des maisons lyonnaises, dans la chaleur fumante de la machine à chauffer l'eau de lavage, dans l'humidité de la Saône écumante, dans l'infernal tapage de leurs commérages interminables. P'tit Louis contemplait la rangée de gros derrières qui émergeaient des planches trempées et riait en imaginant que ces masses informes n'avaient pas de tête, rien que deux robustes bras de chaque côté !

– As-tu retenu trois couverts pour ce soir ?

– Non, pourquoi ?

– Parce qu'il me semble que sans m'en avertir tu as aussi convié P'tit Louis…

Le café du Soleil est installé à Saint-Georges. Il trône à la croisée des chemins de grand passage qui emportaient au Moyen Âge le flot des Lyonnais des ports de la Saône vers les hauteurs de Saint-Just, encombrées de ruines romaines. À la droite de l'enseigne, la montée du Gourguillon assiège les hauteurs en une pente vertigineuse. Les vieilles pierres des façades se confondent avec les dalles du chemin. Restes de demeures antiques, vestiges des murailles médiévales, elles offrent aux curieux toute l'histoire ancienne de Lyon.

– Regarde, ma belle Sarrasine aux seins brunis, l'histoire raconte qu'en descendant cet à-pic pour se rendre à la cathédrale Saint-Jean, un pape est tombé de sa mule. Désarçonné, il en perdit sa tiare, qui dévala le Gourguillon. Le rubis qui l'ornait s'en détacha. On ne le retrouva jamais. On dit que certains le cherchent encore !

– D'abord, je ne suis pas plus sarrasine que toi tu es papou. Ensuite, je t'interdis, même à voix basse, de parler de mes seins brunis qui ne l'ont jamais été. Tu devrais le savoir, curieux de tout ! Enfin, je pense qu'au café du Soleil il y a bien d'autres rubis à découvrir !

Trois marches pour accéder à la terrasse qui surplombe la rue, trois tables en plein air pour accueillir les gourmets, trois menus lyonnais pour flatter les papilles... Joséphine est radieuse. Les cheveux mi-longs légèrement bouclés, négligemment retenus par des lunettes de soleil sur le dessus, laissent deviner les anneaux créoles que Louis lui a récemment offerts. Elle a passé un pull noir largement échancré et un pantalon léger en toile jaune paille. Ils commandent tous deux une salade lyonnaise. Joséphine opte pour un gâteau de foies de volaille et Louis ne résiste pas au gras-double à la lyonnaise. La salade est somptueuse, car l'œuf mollet qui la couronne, une fois percé, laisse épancher le jaune tiède sur les lardons cuits à point. Un pot de côtes-du-rhône rafraîchi donne de l'éclat aux regards coquins de Louis. Joséphine, spécialiste des gâteaux de foie, accorde sans hésitation un dix-huit sur vingt. Le gras-double, taillé en lamelles allongées, est subtilement grilloté aux oignons dans la tradition des « mères » lyonnaises. Au dessert, le pot de côtes-du-rhône devenu transparent reflète en une myriade d'étoiles les réverbères de la place de la Trinité. Après le fromage blanc à la crème jaunâtre, la tarte au citron tiède finit de pimenter ce tête-à-tête d'amoureux insatiables.

Le chien dort sur le siège arrière de la Mercedes quand Louis et Joséphine rejoignent le parc à voitures. Joséphine extirpe de son sac un gratton enveloppé dans un mouchoir jetable.

– Mémère à chienchien est devenue complètement gâteuse ! Si tu commences à soutirer de la nourriture dans les restaurants où nous passons, nous finirons par connaître les commissariats de police, et le chien, les cellules de la fourrière !

– Non mais, dites donc, monsieur de, on les a payés, ces grattons de l'apéritif !

– La prochaine fois, tu viens avec un sac en plastique. Et un tournedos aux truffes de chez Léon de Lyon ! Et une poularde demi-deuil de chez la Mère Brazier ! Et un lavaret du lac de chez

Veyrat ! Bon chienchien, il aime bien sa petite maîtresse. C'est un fourgon de déménagement qu'il faut acheter pour transporter le loulou et ses kilos !

– Tu t'es vu, mon grand ?

– Je suis musclé et un peu enveloppé. Nuance !

Louis a souhaité longer les quais du Rhône jusqu'à Gerland. Il veut montrer à Joséphine les lieux de son enfance lyonnaise. Il devient intarissable.

– Là, il y avait des colonies de rats dans les terrains vagues. Ils piaillaient quand on débaroulait avec mes copains les Italiens et les Kabyles du quartier. Et puis, là, c'était une lône du Rhône où l'on se baignait avec les chiens, et ici, des buissonnées de vorgines qui ont abrité nos premiers émois. On appelait cela la « chasse aux papillons » ! Il y en avait qui se réfugiaient sous les robes des filles. On ne rentrait jamais bredouilles ! On leur faisait croire en les pinçant que les papillons se disputaient les moustiques... Et elles faisaient semblant de nous croire !

– Je crois que P'tit Louis a un peu trop arrosé le repas. Mets-le coucher à côté du chien.

– Je pense qu'il t'embarrasse un peu parfois...

– Le chien ?

– Très drôle, madame de.

Les lueurs orangées des usines de Saint-Fons annoncent l'accès à l'autoroute. P'tit Louis s'est endormi contre le chien.

– Tu vois, ma douce puce, je crois qu'aujourd'hui les gamins souffrent d'un lourd handicap qu'ils paieront cash tôt ou tard. En les coupant de leurs racines essentielles faites de liberté de mouvement et de tendance à s'inventer des mondes imaginaires...

– Attends... Leurs loisirs, c'est précisément l'accès aux mondes virtuels des jeux vidéo...

– Mais on leur impose des scénarios débiles, avilissants, sans lien avec la réalité !

– Et tu crois que la chasse aux papillons qui bouffent des moustiques, c'est la réalité, cela ? Chaque génération se retrouve dans ses rêves chimériques, dans son imaginaire. Un point c'est tout. Il vaut mieux rêver d'ailleurs inaccessibles que ne point rêver du tout.

– Tu parles comme eux, ma gamine.

– Différence de génération, monsieur de !

– Appelle-moi « papi », dorénavant.

– Tais-toi. Tu es plus gamin que moi. Veinard. Toi, tu peux. Moi, je ne sais même pas comment remonter le temps. Mon temps à moi, il a toujours été dicté, façonné sur mesure, programmé par mes parents pour leur fierté, et ce, jusqu'à l'université.

– Moi, je suis allé tout petit à l'université de Ricotty !

– Pardon ?

– Pépé et mémé de l'Ain en parlaient déjà. Quand on a passé une partie de son enfance au village au bord de l'eau, on a tous connu l'université de Ricotty. C'est un lieu-dit, un monde où la terre, l'eau, les graviers, les bosquets de vorgines s'entrelacent. C'est un lieu de tous les contacts avec la nature, où se nourrissent les curiosités de l'enfance et se forgent les expériences de la vie. À Ricotty paissaient les troupeaux qui traversaient la rivière. On y cueillait les herbes qui guérissent, les blaches pour rempailler les chaises. On y pêchait à la main les gros poissons blancs. L'université de Ricotty a été pour nous tous le premier amphithéâtre de notre formation !

– Et moi, je naviguais, solitaire ou presque, entre ma chambre, le marché avec ma mère, la piscine municipale et le garage aménagé en discothèque !

– Serais-tu de cette première génération de handicapés que l'on a maintenus en sécurité loin des voitures, des rencontres étrangères et des risques imaginés ou bien réels ? Moi, non, et tant mieux ! Je peux en témoigner. Élevé par des grands-parents aux principes hérités d'un autre siècle, entouré par des parents soulagés de s'être débarrassés de la guerre, j'ai connu la liberté, et maintenant je suis obligé de comprendre, d'accepter, de m'adapter, sous peine de mort. Je suis à la fois fier et heureux d'appartenir à cette génération de passeurs, à cheval sur deux époques, gardiens des valeurs traditionnelles et impliqués dans toutes les métamorphoses. J'aime cette image du passeur. Mes ancêtres ont été passeurs sur la rivière d'Ain, à l'époque où elle emportait dans ses colères saisonnières les ponts trop fragiles. Le passeur reliait des cultures et des sociétés voisines et pourtant si différentes. Ceux du Bugey traversaient à la découverte de la Dombes, et le passeur, le temps d'une traversée, se faisait l'interprète de tous ces voyageurs.

– J'ai parfois peur pour toi en pensant à ton futur métier de professeur. Pourras-tu t'adapter? Le sauras-tu?

– Aucun problème. Je n'ai jamais cessé de parfaire ma culture historique.

– Il ne s'agit pas de cela. Les mômes d'aujourd'hui remettent tout en cause, critiquent, expriment dans l'indiscipline leurs préférences et leurs choix. Aucune classe n'est homogène. Tu devras instruire des enfants de Turcs, d'Africains du Nord ou d'ailleurs, d'Asiatiques aux cultures si différentes, aux ambitions si divergentes, aux pratiques religieuses parfois déconcertantes. Y as-tu pensé? Ils ne sont pas responsables, ces mômes, de l'obligation qui leur est faite de fréquenter le collège vaille que vaille. Tu étais un prince dans un cocon à la direction générale de France Télécom. Tu espères gagner en liberté d'expression et te relancer intellectuellement. Tu risques de déchanter, mon Louis. Tu peux tomber de haut.

– Je ne tomberai pas de plus haut qu'à la DG. La page est tournée. Avec toi, par toi, je suis un homme neuf.

– Plutôt rénové!

– Comme notre maison?

La monnaie du pape

J'enseigne l'art de tourner l'angoisse en délice.
(G. Bataille.)

I

– Sais-tu, Joséphine, comment mon grand-père m'a surnommé le jour où j'ai annoncé que je voulais faire des études supérieures ? Ne cherche pas. C'est introuvable ! Il m'a dit : « Tu ne vas quand même pas te prendre pour le grand moutardier du pape », et il a ponctué sa phrase par un inévitable « cré vingt diou ! ». Leçon d'humilité que j'ai souvent méditée.

– Pour tes élèves, si tu n'es pas le grand moutardier, tu peux devenir le pape en personne. Gare à toi, Grand Louis. Je me souviens de mes années de collège. Les premiers regards, les premiers mots, les premiers gestes t'engagent pour toute une année. L'entame est ratée et tout le reste est galère !

– Même pas peur ! Je mets quoi, ce matin ?

– Sobre, mon grand, sobre. Simple, très simple. Un bouton de travers, une veste mal fagotée, des chaussures trop voyantes et le clown fait rire la galerie.

– Tu étais comme cela, toi ?

– Pire ! Une adolescente est prête à s'embraser autant qu'à haïr. Rien de plus redoutable que les femmes en miniature et les petits coqs sans crête ! Tout doux, mon beau, et à ce soir.

En dix minutes, Grand Louis est au collège. Le parc à voitures des professeurs est au bas d'une rampe après un portail automatique ouvert en ce jour de rentrée. Rassemblement en salle des professeurs et présentation par le principal.

– Afin de respecter la tradition et comme à chaque rentrée scolaire, je formule des vœux de réussite pour les anciens et me réjouis de l'arrivée de nos nouveaux collègues. Certains ne feront qu'un bref passage après leur année de stage probatoire. Je vous les présenterai lors de l'apéritif offert à midi. Un autre, nouveau sans être frais émoulu de l'école de formation des maîtres, retiendra toute notre attention. C'est un spécimen rare, digne de figurer dans une réserve d'espèces en voie de disparition. Monsieur Louis de La Combe nous vient par détachement de la direction générale de France Télécom…

Raclements de gorge dans l'assistance, têtes tournées en exploration curieuse. Au total, il y a plus de grimaces et de rictus que de signes d'affection !

Le principal poursuit.

– C'est en effet la première fois qu'un transfert d'une autre administration est opéré en notre faveur. La procédure, pour inhabituelle qu'elle soit, n'en est pas moins tout à fait réglementaire. Je n'ai pas eu le choix. Monsieur de La Combe est détaché pour cinq années au terme desquelles il peut rejoindre son corps d'origine, à sa demande ou à la nôtre. Il poursuivra pendant cette période la progression indiciaire valable dans son service antérieur. J'attends vos questions.

Une main se lève. Louis est pétrifié. Si ce que le principal a annoncé est parfaitement exact, il s'attendait toutefois à un peu plus d'enthousiasme.

– Monsieur le principal, comment se fait-il que l'on fasse

appel à des personnes étrangères à l'Éducation nationale alors que nos jeunes diplômés n'ont pas tous une affectation ? D'autre part, et à voir les traits de notre « jeune collègue », il ne doit plus émarger au minimum syndical depuis longtemps !

Torrents de rires et de sarcasmes dans l'assistance. Louis hésite entre colère et désespoir. Le principal reprend la main.

– Monsieur, vous représentez un syndicat majoritaire. Je doute que vous ignoriez cette procédure. Quoi qu'il en soit, je comprends vos inquiétudes. Je confirme que monsieur de La Combe a une des plus importantes fiches de paie de l'établissement. À n'en point douter, son expérience professionnelle nous sera de la plus grande utilité.

Une voix forte surgit du fond de la salle.

– Et ta sœur… !

À compter de ce jour, Louis prend l'engagement de ne plus jamais remettre les pieds en salle des professeurs, à moins de relever son courrier.

La sonnerie de huit heures met un terme à la curée. La bête traquée est déjà affaiblie, blessée, perdant son sang en abondance. La chemise collée dans le dos par la sueur, les mains moites, le cœur en fauteuil roulant, Grand Louis marche vers ce qu'il concevait comme une des plus belles aventures de sa vie. Une voix féminine lui glisse au passage :

– Ne t'en fais pas. Une fois la porte de la classe fermée, tu es seul maître à bord. Tu gères ta boutique en vrai patron. Tout va bien se passer. Je te vois à la récréation de dix heures. Je suis en salle 102, juste à côté de chez toi. Je m'appelle Mylène.

Ce « chez toi » lui va bien. Louis a besoin d'un chez-lui, d'un refuge, d'une grotte ou d'une oasis. Il va donc habiter en salle 101. Rendez-vous dans la cour. Ils et elles sont là, les visages fermés, le regard inquisiteur. En route ! La direction générale de France Télécom n'est plus qu'une ligne sur un curriculum vitæ. Adieu vols en première classe, TGV aux voitures salons-bureaux, allers-retours sous le soleil des tropiques, réceptions grandioses ou repas fins en compagnie de personnages importants. Adieu l'illusion du pouvoir. Désormais, il faut agir en homme de pensée et penser en homme d'action, avec en toile de fond cette extravagante passion pour l'histoire qu'il conviendra de transmettre. « Je n'enseigne pas, j'éveille », se dit Louis. Il vient de comprendre qu'au sein des agents de l'Éducation nationale, il sera toujours seul, ne comptant que sur lui-même. Pire, il sera guetté, épié. Le moindre faux pas le transformera en parfait incapable, le moindre succès exacerbera toutes les jalousies.

Enfant, Grand Louis rêvait de devenir « professeur des histoires » pour instruire pépé et mémé et tous les copains du village. Aujourd'hui, le public est considérablement élargi. Après les présentations d'usage, assez vite bâclées, monsieur le professeur Grand Louis dénombre ses ouailles. Vingt-six élèves aux origines les plus diverses. Au premier rang se sont serrées six filles aux allures de Lolita moyen-orientale. Derrière elles, deux Turcs, trois Marocains et un petit rouquin dévoré par les taches de rousseur, l'air un peu perdu. Plus loin, deux impressionnants athlètes noirs donnent l'impression d'être assis sur des bogues de châtaignes ! Ils ont jeté leur dévolu sur une grande gamine déguisée en femme fatale qui pousse des cris faussement effarouchés. Le coin nord-est de la classe est un singulier foyer de dissipations polissonnes ! À surveiller. Un petit bonhomme très fade, transparent, occupe seul le dernier rang. « C'est rigolo, se dit Grand Louis, on dirait P'tit Louis lors de sa première rentrée scolaire au lycée de Lyon ! » Louis décide d'adopter la stratégie de la fermeté coriace tout en laissant place au dialogue. On verra bien. C'est parti !

– Et maintenant, avez-vous des questions à poser sur le programme de l'année ?

Une marée de questions hurlées dans un désordre indescriptible le cloue littéralement à l'estrade. En vrac : « Vous êtes pour Marseille ou le PSG ? On écoutera du rap ? On fera des sorties ? Vous êtes marié ? Vous punissez ? Vous donnez des croix ? On peut boire pendant les cours ? On parlera des attentats du 11-Septembre ? Vous préférez Lorie ou Doc Gynéco ?… »

– Stooop ! Suffit ! Je répondrai à toutes les questions seulement et seulement si je les entends. Un, on lève la main. Deux, on ne coupe pas la parole aux camarades ou au professeur. Trois, ici, c'est moi qui arbitre, et jusqu'à preuve du contraire on respecte l'arbitre. Les cartons rouges vont pleuvoir ! Vu ?

Une petite voix venue de nulle part lâche :

– On se connaît à peine et vous êtes déjà méchant…

– Merci. Pour vous, c'est quoi, être méchant ?

Nouvelle vague déferlante de commentaires vociférés.

– Re-stooop ! Rien compris, jeunes gens. On remet ça ! C'est moi qui prends la main.

Consultant sa liste, Louis passe à l'offensive.

– Mademoiselle Fatima, veuillez répondre à cette question !

– J'ai rien à dire !

– Fort bien. Au suivant. Monsieur Lavigne ! Où est Lavigne ?

C'est le petit solitaire du fond qui lève la main.

– M'sieur, être méchant, ça peut pas être vous, parce qu'un maître d'école c'est pas mon père…

– Mon petit Lavigne, je ne suis pas maître d'école, je suis professeur d'histoire. Le maître d'école, tu l'as eu à l'école primaire. Il fait quoi, ton père ?

– Il est paysan et il est méchant. Le maître d'école était toujours gentil.

– On en reparlera. Promis ? D'accord ?

C'est Diop qui demande la parole en gesticulant.

– Bon, tu vois, faut pas être chantmé, parce que ça nous met les nerfs grave. Hein ?

Tout le monde se marre. Louis commence vraiment à se demander si un jour il parlera du programme d'histoire.

– Monsieur Diop, tu attends une réponse de ma part ? Négatif. Elle ne viendra pas. Ce que tu fais a un nom. C'est de la provocation. C'est comme sur un terrain de foot. À force d'agacer l'adversaire avec des petits mots balancés au passage, il s'énerve et l'arbitre sort un carton. Pas très réglo, tout cela. Tu comprends, toi qui es une vedette de foot ?

– Comment vous savez, m'sieur ? On ne se connaît pas. C'est fort, ça !

– Mystère, jeune homme…

Louis vient de marquer un point décisif. Diop est passé dans son camp. C'est toujours cela de gagné. Lavigne s'est sûrement rangé à ses côtés. Avec deux points d'appui, l'avenir est plus serein. Grand Louis accuse un sérieux coup de fatigue. Voilà bientôt deux heures qu'il ne s'est pas assis, qu'il s'est efforcé de contrôler l'ensemble des vingt-six élèves tout en ayant un regard pour chacun. Il a soif, très soif, et se met à rêver à l'épaisseur silencieuse de la Seigneurie de Champagne, aux courses folles du chien en lisière des bois, aux contacts tièdes des paumes de Joséphine dans ses larges mains d'homme. Avec cette meute à tenir en respect, toute tentative d'évasion est vaine. Au moins, pendant les heures de bureau, il se ménageait des escapades à la cafétéria, au kiosque à journaux, dans les bureaux voisins. Mais là il est coincé et mis à nu par vingt-six paires d'yeux.

La récréation de dix heures est une délivrance suave au moment où une envie pressante commence à le torturer et à lui ôter tout espoir de concentration efficace ! D'abord, retrouver le chemin des toilettes, et ensuite, éventuellement, s'offrir un café. Mylène est fidèle au rendez-vous. Elle est un guide précieux pour les deux interventions d'urgence. Aucune question, aucun commentaire. Louis apprécie sa discrétion. Les traits tirés de Mylène trahissent les difficultés de réadaptation au rythme scolaire ! Elle aussi a besoin de souffler. C'est presque un réconfort pour Louis, qui est complètement épuisé. Vivement ce soir !

II

Au terme d'une semaine de mise en action, Louis estime avoir atteint une vitesse de croisière satisfaisante. Mais comme disait son pépé : « Cré diou, il vaut quand même mieux prendre chaud en mangeant que froid en travaillant ! » Lui a pris chaud et froid à mesure que s'installait une certaine familiarité. Il a très vite acquis la certitude qu'il est absolument illusoire de transposer les exemples de sa propre scolarité. Tout, absolument tout est différent. Les rapports entre les gamins et les adultes n'ont plus du tout la même consistance. Si P'tit Louis sommeille d'un œil, blotti au fond de son protecteur, les enfants semblent pour la plupart déjà héberger un adulte au fond d'eux-mêmes. Quelle polente ! Alors, qui sont-ils ? Des adolescents à peine sortis de leurs couches-culottes ou des maquettes d'adultes en devenir ?

– Joséphine, ma puce, au secours !

– Monsieur le professeur a demandé les urgences ; j'écoute !

– Mais, crénom de vingt diou ! C'est quoi ces galapiats ? Tu te rends compte, dans la classe tu as des petites bonnes femmes avec des nénés comme les tiens et des gones qui jouent encore aux petites autos !

– Ah bon ! Première nouvelle ! Ce diable de monsieur de La Combe donne la leçon aux Sarrasines aux seins brunis... Il se plaint des petiots qui poussent leurs autos alors qu'il a des camions de pompiers dans une vitrine... Je me marre, monsieur Louis. Tu crois encore au maître d'école de Pagnol ? Tu crois que le fait de te voir débarquer dans une classe va leur donner la chair de poule, à ces monstres qui zigouillent l'humanité entière dans leurs jeux vidéo ? La Gloire de mon père, ils ne l'ont pas lu, eux, et ils ne le liront peut-être jamais ! Par contre, branche-les sur La Fureur du dragon ou sur n'importe quel exterminateur de termites humanoïdes transformables par mutation en substance gluante, et on en reparlera. Vu, monsieur de ?

– Tu me mets la chair de poule. Comment sais-tu tout cela, toi ?

– Il y a un peu plus de dix ans, je regardais encore toutes les séries télévisées, moi, monsieur ! J'étais chez papa et maman avec Albator et Capitaine Flam. J'allais au ciné du quartier avec mes copines admirer les muscles de John Travolta ! J'écoutais Indochine et les précurseurs d'Eminem…

– De qui ?

– L'empereur du rap. On veut se la jouer gourou de gamins de quatorze ans et on flirte avec les croûtons !

– Tu es méchante, Joséphine. Tu sais qu'il y a des sujets sensibles qui me fâchent.

– Pardon, amour. Mais mes craintes sont justifiées. J'avais si peur pour toi ! Historien de génie, tu es, certes, humaniste pur fruit pur sucre, incontestablement. Mais que sont ces vertus face aux insondables inquiétudes de toute une jeunesse en mal de repères ? Ils s'en moquent, tes marmots, de ton prestige à France Télécom, de tes talents de chercheur, de ta verve envoûtante de conférencier, de tes trajectoires époustouflantes dans la vie. Leurs héros ne sont pas les tiens. Leurs valeurs ne sont pas les tiennes. Leurs parents ne sont pas ceux que tu as eus. Tu veux qu'ils grandissent en harmonie avec eux-mêmes et la société, mais il faudra que toi aussi tu acceptes de changer et de grandir un peu. Tu n'es pas leur maître d'école, mais avec un peu d'effort tu deviendras leur maître à penser.

– Un gourou ?

– Tu travailles à l'Éducation nationale, pas au sein d'une secte ! Tu es la lumière. Ils ne sont pas aveugles, leurs yeux sont à peine écarquillés. Qu'étais-tu à quatorze ans ? Que cherchais-tu ? Franchement. Dis-le-moi !

– Je m'occupais de ma mère malade, j'étais le chevalier sans beurre et sans reproche, pourfendeur de rats d'égouts au bord du Rhône, racontant mes misères à mon chien et écoutant, mort d'inquiétude, la nuit, les avions qui survolaient ma chambre, car on s'attendait à une offensive terroriste en pleine guerre d'Algérie…

– Il n'y a rien de changé, mon bel ami...

– Arrête voir ! Ils ont tout avant de demander.

– Là, tu deviens franchement ringard. Tu parles comme un papi rétrograde et aigri. Tu ne vas quand même pas me faire croire que la fréquentation des jeunes te rend idiot, pépère ?

– Il n'y a rien de changé, disais-tu ?

– Rien ! Les parents sont parfois malades, il n'y a pas toujours du beurre dans les épinards, et, tes mômes, ils sont aussi des chevaliers pleins d'illusions, à la recherche du bonheur. Un bonheur à leur mesure, à leur image, à leur dimension. À chacun le sien, mon grand loup.

– Mouais... Tu as sûrement raison. Tu es plus près d'eux que moi.

– Question de génération, peut-être ?

– On ne va pas y revenir !

– Oh que si ! Nous y reviendrons, car je sais que tu as la fibre de l'enseignement. C'est incontestable. Tous ces mômes, tu les aimes comme des P'tit Louis. C'est à sa rencontre que tu vas en prenant la route du collège. Il te colle aux semelles et même à la peau, ton petit bonhomme. Je crois bien que le monde des adultes t'ennuie profondément.

– Le monde ?

– Oui, ou leur compagnie, si tu préfères. Leur mode de fonctionnement t'irrite.

– Il me semble que je suis adulte depuis un petit peu plus longtemps que toi, beauté !

– Pas si sûr ! Être adulte, c'est une question de musique, de couleur. Ta petite musique intérieure est une berceuse. Tu ne dépeins pas tes sentiments, tu les colories sur un cahier d'écolier. Demande-toi parfois pourquoi tu as quitté tes hautes fonctions et pourquoi je suis ici auprès de toi.

– Pour des raisons identiques, madame de. Parce que je vous ai aimée, je vous aime et vous aimerai. Tout ceci pour une femme, mais pas n'importe laquelle. La mienne !

– Tu as une âme d'enfant sous une carapace qui éloigne les

adversaires et attire irrésistiblement qui a envie de t'aimer. Mais pourquoi te caches-tu donc derrière ce masque crispé de dur du Far West ? On dirait John Wayne dans La Chevauchée fantastique... !

– Très honoré ! Je récapitule. Je suis la parfaite synthèse née des amours étranges de E.T. et de Lucky Luke. Quelle ascendance ! Te rends-tu compte ? Un extraterrestre homosexuel qui a fauté avec un cow-boy solitaire... Ils sont parvenus à concevoir une recomposition amalgamée de leurs génies respectifs !

– Attends ! Ne bouge pas. Surtout, ne bouge pas. Tu es en train de nous faire une amorce de délire hydropneumarhinotintinobédéphile à double changement de vitesse sur la roue de secours...

– Un quoi ? Ça existe, ça ?

– Sûrement pas, et c'est bien ce qui m'inquiète !

– T'es folle ou quoi, ma grande ?

– Toi-même ! J'essaie de démonter pour ton usage personnel un des ressorts profonds de ta psychologie empruntée à l'enfance, et tu ne trouves rien d'autre à me répondre que des élucubrations délirantes. Le passage en salle de classe m'a tout l'air d'un sas ténébreux et initiatique où tu cherches à te reconstruire...

– Je suis en classe comme Jonas dans le ventre de la baleine ou encore Pinocchio...

– Allez vous coucher, monsieur de, et vite !

III

Fin novembre. Il commence à faire vraiment très froid. Louis éprouve de plus en plus de difficulté à s'arracher, le matin, des bras tièdes de Joséphine. Il part au collège, il fait nuit. Il rentre du collège, il fait nuit. Démoralisant ! Heureusement que Joséphine est là, gardienne du foyer. La dernière montée vers la Seigneurie est à chaque fois une course de vitesse éperdue. Encore quelques minutes et Louis sait qu'il va s'immerger dans un bain de douceur : Joséphine toujours différente, discrètement parfumée, le chien, le courrier déposé sur le bureau, la table dressée, la bibliothèque cirée, les flammes de la cheminée qui dansent dans les vitrages et embrasent et consument les reliures de cuir, l'odeur rassurante de la maison.

Les maisons ont toutes une odeur, des parfums. Jeune homme sportif, Louis aimait les effluences embaumées des vestiaires embués. Il est infiniment sensible aux arômes. Il sourit à l'évocation des effluves d'herbe fraîchement coupée lors du retour des faneurs, à l'odeur forte des bouses sur le chemin quand, au coucher du soleil, les vaches repues retournaient à l'écurie pour la traite et se laissaient aller devant la maison de pépé et mémé ! Tout sentait. Tout le monde sentait quelque chose. Même endimanchés, pépé et mémé sentaient le cheval et la chèvre ! Le voisin, Jean le tailleur, sentait la vache, les boulangères du bout de l'impasse sentaient la mie chaude, le copain René sentait la ferraille poncée et le curé sentait le cierge éteint ! Bref, à chacun ses odeurs. À la petite école du village, la maîtresse inspectait régulièrement les mains, les pieds, les oreilles, et prodiguait quelques conseils d'hygiène à tout ce petit monde qui n'avait qu'un robinet d'eau à la cuisine. On avait toujours la ressource de se décaper le visage et les mains à la sauvette en passant devant la fontaine, la couchette. Mais les pieds, ah ! les pieds ! Quelle épreuve ! Quand on avait des chaussettes, elles tenaient debout toutes seules, la pointe trouée, desséchées par les sueurs d'une semaine, le talon alourdi par la croûte de la poussière accumulée. Et l'odeur! On n'en parle pas, de l'odeur, qui trahissait la mauvaise qualité des soins. Le mieux, c'était d'être pieds nus. Les chevilles, au fil des jours, se couronnaient de traces brunâtres, et les interstices entre les doigts de pied abritaient une réserve de fourrure, subtil mélange de crasse et de sueur! La maîtresse envoyait les garnements se laver les pieds dans le bassin de son jardin. Suprême privilège, car on grappillait au passage les prunes rouges, les « culs de poulet ».

Il fait très froid et les ardeurs des élèves s'éteignent à mesure que la température baisse. De huit heures à dix heures, ils finissent leur nuit. De dix heures à midi, ils crient famine. De quatorze à seize heures, ils digèrent, et de seize à dix-sept heures ils regardent leur montre! Le grand Diop n'a pas résisté au gel des terrains de football. Il arbore fièrement une paire de béquilles et un plâtre à la cheville gauche. « Un tacle assassin, m'sieur, au moment où j'allais marquer contre Annecy-le-Vieux... Un tacle de ouf... J'ai grave les nerfs! » Les Lolitas du premier rang claquent des dents, hibernent recroquevillées, car sous les vestes fourrées les décolletés sont toujours aussi provocants et attaqués par les courants d'air. Malgré les assauts de l'automne, les pantalons à taille basse dévoilent des bourrelets adolescents, garnitures de carrosserie dont on se passerait bien. Les gars de la classe sont plus sensibles aux derniers équipements des scooters. Mehmet le Turc et « fier de l'être » s'enveloppe le bas du visage dans une écharpe des supporteurs du Galatasaray d'Istanbul. C'est ainsi que les froideurs acérées et persistantes déclenchent une frénésie de soutien aux équipes de football de Turquie ou du Maghreb. L'Olympique de Marseille, Lyon ou Paris font vraiment figure de parents pauvres et timides. Grand Louis a parfois l'impression d'arbitrer une coupe intercontinentale!

« Curieux, se dit-il. Ces gosses ont la nationalité française, vont à l'école de la République, voteront dans trois ou quatre ans, et ils arborent tous un signe nationaliste fort et significatif.

N'est-ce pas une forme détournée et habile d'afficher ces signes distinctifs que les lois républicaines et laïques réprouvent ? On verra bien. »

– Lavigne est absent depuis trois jours. Quelqu'un a-t-il des nouvelles ?

Réponse collégiale.

– On s'en fout, m'sieur. Il ne parle à personne.

– Vous ne vous êtes pas demandé pourquoi il ne vous parlait pas ?

– C'est un blaireau. Il n'a pas d'amis. En plus, il pue !

– Précise.

– Vous avez vu comme il est habillé ? On dirait un vieux mal lavé. Il serait mieux à taper la belote au café des ploucs.

– Des quoi ?

– Des paysans !

– Tu as quelque chose contre les paysans ?

– C'est nul d'être paysan !

– Pourquoi ?

– Je ne sais pas, mais c'est nul.

Louis préfère ne pas répondre. Il se promet de se rattraper lors d'une leçon sur l'agriculture. Il n'oublie pas non plus de noter un prochain contrôle d'éducation civique sur les valeurs de la Marseillaise, et ce, depuis que l'hymne national a été sifflé au Stade de France. Du pain sur la planche en perspective ! Il y a beaucoup à faire. Et tout ce travail de fond est constamment reporté pour satisfaire aux exigences du sacro-saint programme. « Finir le programme » est un couplet sempiternel et redondant qui alimente l'essentiel des conversations entre professeurs. C'est à croire que les concepteurs des programmes n'ont jamais mis les pieds dans une salle de classe !

À la récréation de dix heures, il retrouve Mylène, affairée à ranger ses cours.

– Dis-moi, Mylène, tu termines ton programme, toi ?

– La question qui tue ! Bien sûr que oui, sinon gare à monsieur l'inspecteur…

– Il y a tout de même bien d'autres choses à faire pour mettre ces gamins sur les bons rails !

– Tu verras que plus les années passent et plus les programmes sont allégés. C'est comme les yaourts ou les boissons gazeuses. On fait dans le light, le « taille fine », on dispense des cours à zéro pour cent de matières grasses. Consternant. Mais attention à l'inspection ! Et puis, et puis, les cours d'histoire contemporaine ou d'éducation civique sont des meetings de propagande à la gloire de nos « amis » les Américains, premiers partout, libérateurs de la vieille Europe. C'est le même refrain que celui qu'entendaient tes grands-parents au sujet du rayonnement de la France, mère nourricière de tous les peuples prétendument débiles de nos colonies. Le même, mon cher ! Simplement que l'on a franchement le sentiment que les débiles, c'est nous, maintenant. La roue tourne ! Et nos petits élèves de sang maghrébin nous apportent une contradiction, certes brouillonne, mais terriblement embarrassante. Regarde combien au fil des années la place réservée aux croisades au Moyen Âge a été racornie. On les évoque à peine, sinon pour mettre l'accent sur tout ce que la civilisation arabo-musulmane a apporté à l'Occident. Qui croire ? Alors, on fait le programme ou on fait œuvre d'historien et on instruit nos gamins dans les voies de l'esprit critique ? On finit de leur apprendre à lire ou à écrire en leur racontant de belles histoires ou on leur apprend à décrypter les bidonnages de l'information ?

– Moi, j'ai choisi.

– Oui, toi ! Parce que tu es en fin de carrière. Tu n'as rien à craindre de l'Administration et de ses hommes de main. Mais, Louis, ne casse pas la baraque. Pense à tous les petits copains qui débutent et dont la foi est intacte, et pour qui la stricte observance des recommandations est une fierté. Ce que tu dis et fais cette année, en un mot, ce que tu sèmes, ne sera récolté que l'an prochain, et par d'autres. Ne les mets pas dans l'embarras. Livre-leur des élèves standardisés.

– On verra bien.

Perplexe, ébranlé par le ton ferme des propos de Mylène, Louis part aux nouvelles de Lavigne. Il hèle un surveillant.

– Lavigne ? Les parents sont injoignables. Toutes les années, c'est le même scénario. Ils s'en fichent et ne répondent pas aux convocations. Le gamin est le roi de l'absentéisme.

– Merci !

Direction le bureau du conseiller d'éducation.

– Lavigne ? On a envoyé une lettre recommandée ce matin. Le téléphone est coupé depuis longtemps. C'est un peu la misère. Une ferme isolée, des dettes, une famille nombreuse… On va être obligés de le virer de la cantine. Les parents ne paient pas.

– Attendez ! Viré de la cantine… Cela signifie que le gamin n'aura même pas un repas équilibré par jour ?

– Le fonds social n'a plus d'argent pour faire manger gratuitement tous les cas sociaux. Il arrive après la bataille, le Lavigne.

– Merci !

Au fond du couloir, le service médical.

– Lavigne ? Un cas. Je ne peux pas t'en dire plus. Secret médical.

– Mais je suis son professeur principal et…

– Et… rien du tout ! Tu ne penses tout de même pas qu'on t'a attendu, le médecin, l'assistante sociale et moi-même, pour s'occuper de Lavigne ? T'es prof ou bonne sœur ?

IV

– Joséphine, ma belle Sarrasine...

– Voilà que cela le reprend ! Oui, Charles Martel ?

– J'ai un petit gars qui n'est pas réapparu en classe depuis trois jours. Pas de nouvelles. Tu fais quoi, à ma place ?

– Rappelle-moi... Tu es professeur d'histoire, curé de campagne, éducateur spécialisé, boy-scout ou gardien d'animaux à la fourrière ?

– Bon sang ! mais je suis le professeur principal ! Tout le monde a l'air de s'en foutre, de l'absence de ce môme. J'ai vu la « vie scolaire », le service médical...

– Et alors ? Ils n'ont rien fait ?

– Si ! Ils ont fait leur boulot, tout leur boulot, rien que leur boulot.

– À supposer qu'il y ait environ neuf cents élèves, que chacun ait une dizaine de pets de travers le même jour qui vont mobiliser les services administratifs pendant cinq minutes, cela fait la bagatelle de quarante-cinq mille minutes, soit environ sept cent cinquante heures. À raison de trente-cinq heures par semaine, on arrive à un total de plus de vingt semaines, soit, enfin, la moitié de l'année pour quelques pets de travers ! Tu demandais la lune tous les jours, à France Télécom ? Même avec les moyens dont tu disposais, tu ne l'aurais jamais décrochée !

– C'est un gosse paumé qui est à la dérive dans la nature !

– Ton collège n'a pas pour mission de partir à la recherche des égarés. Ce sera possible le jour où il y aura dix élèves par classe, un éducateur par élève et une bureaucratie locale du même tonneau. Autrement dit, jamais ! Louis, redescend sur terre. Tu voulais enseigner l'histoire et maintenant tu verses dans le social...

– Le jour où France Télécom n'a plus maîtrisé les difficultés à partir du siège, à Paris, on a décentralisé. On a rapproché les initiatives des moyens locaux et sérié ainsi les problèmes à résoudre au plus près.

– À partir d'aujourd'hui, je ne veux plus entendre aucune référence à ton ancienne boîte. Ne confonds pas une formule 1 de la technologie avec un mammouth hypertrophié ! Ta boîte est née à la fin du XXe siècle. L'école de Jules Ferry a un siècle de plus.

– Toi, ma petite, tu es en train de prendre sacrément du poil de la bête !

– Je ne suis plus la petite fille paumée à qui tu as ouvert les bras. Je suis ta femme, attentive, aimante, qui entend bien te voir réussir ta métamorphose et ton épanouissement. Vu ?

– Cré vingt diou ! si j'avais su tout cela…

– Alors ?

– J'aurais commencé avant !

– Je t'aime, Grand Louis.

La ferme des Lavigne est au bout du monde, au fin fond d'un cul-de-sac. Il faut prendre la route de Chaumontet à Épagny, puis bifurquer à gauche à Saint-Paul et monter jusqu'à Ferrières, sous la Mandallaz. Adossée au bois de la Mâchurette, la bâtisse aux pierres grises coiffées d'ardoises a dû être majestueuse au temps d'une splendeur aujourd'hui révolue. Les herbes folles émergent de la boue et mangent la cour en pente. Un chien tordu par la maigreur s'arrache d'un tonneau plaqué contre l'écurie. Louis range sa Mercedes à l'entrée de la cour. Il est presque gêné de débarquer avec cette automobile de luxe dans un décor aussi pitoyable. Deux petits enfants s'échappent d'une grange et se réfugient à l'intérieur de la maison. Louis est annoncé par les aboiements du chien. Une femme très forte vient à sa rencontre. Elle semble très âgée tant ses traits sont marqués, ses cheveux rares et négligés.

– Bonjour, madame. Je suis le professeur principal de votre fils Jérôme. Je viens prendre de ses nouvelles…

Louis ne distingue pas son regard, voilé par d'énormes verres de myope. Les branches des lunettes sont maintenues par du papier adhésif. Elle n'a pas plus de quarante ans. Le grain de peau de ses épaules charnues trahit un restant de jeunesse. Il lui tend la main. Elle l'ignore.

– C'est quoi ?

– C'est pour votre garçon qui est au collège.

– Il est pas là.

– Mais il n'est pas au collège non plus !

– Il prend le car tous les jours.

– Vous n'êtes pas inquiète ?

– J'ai autre chose à faire. Il y en a quatre qui attendent derrière.

– Vous savez où il est actuellement ?

– Au bois, avec son père.

– Donc il n'a pas pris le car ce matin ?

– Je ne sais pas. Je vous laisse. J'ai la soupe sur le feu.

Louis est assommé par cette entrevue insipide. Il n'a rien à espérer de cette femme qui exhale des vapeurs de mauvais vin. Il est soudain infiniment triste. En redescendant, il croise un agriculteur en train d'élaguer une haie.

– Pardon, monsieur, juste un renseignement. Vous ne savez pas où je pourrais trouver le petit Lavigne, celui qui va au collège ?

– Au collège ? Il ne doit pas y aller souvent, le pauvre gone. Il est au bois avec son père sous la Mâchurette. Vous êtes qui ?

– Son professeur principal.

– Et vous le cherchez ? Vous avez du temps à perdre. Remarquez que c'est pas les heures de boulot qui vous tuent, aux écoles. Les Lavigne, c'est du tout mauvais de père en fils. Le dernier a bouffé le navire, ou, du moins, ce qu'il en restait. Les gamins, ça va cul nu, et sa femme… Dire qu'elle était belle, celle-là, avant qu'il la marie ! Il aurait mieux fait de me la laisser.

– Mais, et le petit ?

– Le petiot, j'aime autant pas en parler. C'est que de la pitié. Y a une chose qu'y a, c'est qu'à force, le gamin, il devient muet. C'est mieux pour tout le monde.

– Vous pouvez m'expliquer ?

– J'ai plus rien à dire. Allez voir les gendarmes. Peut-être qu'eux ils auront envie de bavarder avec un monsieur des écoles.

Marche arrière et direction les bois de la Mâchurette. Louis n'est plus si triste. Il est révolté.

Le chemin qui mène à la coupe de bois est si raviné que Louis gare sa voiture en limite. La veste sur l'épaule, cravate dénouée, il avance les yeux au sol et se fait surprendre, distrait par la profondeur de sa pensée. Lavigne père et fils sont à l'orée de la forêt, en train de tirer un tronc de châtaignier.

– Bonjour, monsieur ! Bonjour, Jérôme !

Occupé à délier la chaîne, le petit Lavigne ne jette aucun regard en direction de Louis. Il l'a vu. C'est certain. Il l'a reconnu, mais fait mine de s'occuper en contournant l'engin pour mieux se dissimuler.

– C'est pour quoi ?

– Monsieur Lavigne ?

– Oui, et alors ?

– Je viens prendre des nouvelles de Jérôme. Il n'est pas au collège, ces jours.

– Jérôme ! Viens ici, vermine ! T'étais pas au collège, ces jours ? Il a pris le car tous les matins. Je vous assure.

– Votre femme m'a dit la même chose.

– Mais vous êtes qui ? C'est qui, ce monsieur, Jérôme ? Hein ?

– C'est monsieur de La Combe, mon professeur principal.

Jérôme reçoit au vol une paire de gifles à déboussoler un bœuf de labour. Le père Lavigne est un solide gaillard d'environ quarante ans, nettement mieux conservé que sa femme. C'est lui qui prend l'initiative de la conversation.

– Ma femme, il ne faut pas croire tout ce qu'elle dit. Elle vous a dit quoi d'autre ?

– Rien de plus.

– Il vaut mieux. Il ne faut pas l'écouter. Elle part du ciboulot depuis qu'on a perdu une petite l'an passé.

– Que s'est-il passé ?

– Une gamine de deux ans. Elle a fait une hémorragie. Les docteurs n'ont rien pu faire. C'est tout ce que j'ai à dire. J'ai trop souffert avec cette histoire. Tout le monde s'en est mêlé.

– Mais, Jérôme et ses absences ?

– Réponds, Jérôme ! Dis à monsieur. Tu le prends, le car, ou pas ?

Le gamin est muet, regarde ses brodequins et renifle son chagrin.

– Réponds ou tu reçois encore !

– Laissez, monsieur. Il va nous raconter, parce qu'on va lui promettre de ne pas lui en vouloir. Promis, Jérôme. Il ne va rien t'arriver. Ni là ni au collège.

– Je le dis rien qu'à vous parce que vous êtes gentil comme mon ancien maître d'école. C'est à cause de la bande des grands des HLM. Ils voulaient que tous les jours je leur donne de la gnôle, et puis, après, des sous. De la gnôle, j'ai pu en apporter, mais des sous on n'en a pas. Ils ont menacé de venir mettre le feu à la ferme. J'ai pris le car. Je me promenais en ville et je rentrais. Tant qu'ils étaient au collège, j'étais tranquille. C'est tout.

– C'est déjà pas mal ! Cela s'appelle du racket. C'est puni par de la prison. Tu ne crains rien, je te l'ai dit, mais il faudra peut-être tout raconter aux gendarmes.

Le père Lavigne jette son outil avec rage.

– Jamais, vous m'entendez ! Jamais on ne parlera aux gendarmes. J'irai moi-même leur régler leur compte, à ces saloperies ! Ça va péter. Je vous le dis, ça va péter dans les HLM ! J'irai pas les mains vides !

– Faites-moi confiance, monsieur. Ne faites rien avant que je vous revoie…

– Non. Occupez-vous de vos oignons. Racontez-leur vos boniments, aux gamins. Déjà qu'ils ne veulent plus travailler à la maison ! Vous leur bourrez le mou avec vos salades. Est-ce que j'ai eu besoin d'aller aux écoles jusqu'à vingt ans pour tirer les châtaigniers ? Qui c'est qui va prendre la ferme quand je ne serai plus là ? C'est pas vous avec votre cravate en soie ! Hein ? Vous avez bien compris ? Pas les gendarmes, sinon c'est moi qui vais foutre le feu à la ferme, et avec tout le monde dedans !

Le lendemain matin, Jérôme est au collège. Louis est arrivé de bonne heure afin de lui éviter le moindre ennui. Le principal vient le chercher alors qu'il s'apprêtait à renseigner les services administratifs.

– Monsieur de La Combe, votre expérience de notre institution et vos fonctions ne vous autorisent pas à vous substituer aux personnes compétentes pour régler des problèmes de vie scolaire. Je vous prie de vous en tenir strictement à ce que nous attendons de vous. Ce n'est déjà pas si mal !

– Comment savez-vous ?

– Naïf que vous êtes ! Monsieur Lavigne a téléphoné hier soir pour excuser les absences de son fils. Tout est en ordre. Votre visite de courtoisie chez ces gens n'était pas de rigueur. Vous créez un précédent et mettez dans l'embarras tous vos collègues, qui, bien entendu, n'envisagent pas de telles démarches. Dieu merci ! Alors, bon courage... Il va vous en falloir, je crois !

En classe, Louis et Jérôme n'ont pas échangé un seul regard. À la fin de l'heure, Louis le retient quelques instants.

– Tu dois me faire confiance, Jérôme. On va se battre. Mais, si tu veux que l'on gagne, il faut absolument tout me dire. Tout. D'abord, cela te fera le plus grand bien, ensuite je pourrai t'aider utilement.

– Pas là, m'sieur.

– Tu habites loin de Champagne ?

– À vélo, j'en ai pour vingt minutes.

– Tu peux t'échapper facilement ?

– Je dirai que je vais voir le match de foot à Frangy, dimanche.

– Je t'attends en début d'après-midi. Tu verras la voiture devant la maison.

V

– Mylène, on fait quoi quand un gamin est dans la polente chez lui ?

– Rien !

– Comment, rien ?

– Rien ! Il y a des assistantes sociales, un principal, l'inspection académique et tutti quanti...

– Et nous, alors ?

– Nous ? On est payés pour donner des cours, préparer des leçons, organiser des contrôles, les corriger et recevoir les parents sur rendez-vous uniquement. Bien entendu, après tout cela, il n'y a plus de place pour des initiatives individuelles.

– Et si tout de même il y a encore de la place ?

– Alors tu es considéré comme un dilettante qui ne respecte pas les directives annuelles émanant du ministère via le rectorat ! Le ministère est normatif, toi, tu es à l'exécution !

– Attends, je ne peux pas rester indifférent à la misère d'un gamin ! Pas plus tard qu'hier...

– Je sais.

– Tu sais ? Tu sais déjà ?

– On ne parle que de cela en salle des professeurs ! Tu n'y es pas assez présent, Louis. Les absents ont toujours tort.

– J'étais là avant tout le monde !

– Pas au bon endroit, alors ! Il y a les bruits de parking, les bruits de couloir, les bruits de cantine, les pseudo-confidences distillées habilement par le chef aux bavards et, plaie suprême, tous ceux qui se frôlent sans se voir au collège mais qui sont voisins dans leur village et boivent l'apéro ensemble tous les jours. Cela s'appelle des réseaux de communication. Auquel appartiens-tu ?

– À aucun !

– Tu es foutu, mon vieux ! Soit tu joues le jeu de la solidarité corporatiste, soit tu t'exposes un jour ou l'autre à des rumeurs malveillantes. Tu es entré dans un système qui digère les individus standardisés et rejette les atypiques. Tu te sens comment dans cet ordre des espèces ?

– Atypique de naissance, sourd, muet et aveugle !

– Je t'aime bien, Louis. J'aurais de la peine à te voir souffrir. Tu es de la race altière des fiers qui marchent debout et bien droit. On fait le plus beau métier du monde, mais attention que ce ne soit pas les travaux forcés pour toi !

– Tu m'as dit toi-même à la rentrée qu'une fois la porte de la salle de classe fermée, on était les vrais patrons…

– C'était la première leçon ! Cela reste vrai. Les gamins sont l'essentiel, mais le système te happe dès que tu l'entrouvres, cette porte de classe. C'est la leçon numéro deux ! L'idéal, dans la maison, c'est d'être le descendant d'une dynastie d'enseignants. Les gènes sont une providence !

– Alors, pour moi, c'est raté !

À quatorze heures précises, Jérôme range son vélo sous l'escalier de pierre qui conduit à la cuisine de la Seigneurie de Champagne. Joséphine lit devant la cheminée, le chien enroulé contre ses jambes repliées. Louis est dans la grange. Il range méthodiquement ses outils. Il a vu arriver le petit Lavigne. Le rangement des outils est un prétexte pour précéder l'entrée de Jérôme. Louis craint que le gamin n'ose pas s'épancher en présence de Joséphine. Pourtant, Louis aimerait qu'elle entende. Il ne peut plus se passer de son avis. Les décisions prises en solitaire sont du domaine du passé. Il y a eu trop d'erreurs assumées dans la solitude.

– Oh ! Jérôme, je suis là ! Viens. Nous allons nous installer tranquillement dans mon bureau.

Le bureau de Louis est contigu au salon, où Joséphine se repose. En laissant la porte ouverte, elle ne perdra rien de la conversation.

– Tu as fait bonne route ? Cela descend tout le long jusqu'à Frangy ! La dernière montée est un vrai col du Tour de France !

– Oui, m'sieur ! C'est pareil au retour !

– Alors, Jérôme, on en est où avec les gars des HLM ?

– Ils se sont calmés. Je crois qu'ils ont été renseignés par le fils du voisin. Mon père a tellement fait de bruit…

– Tout va bien, alors ?

– Presque…

– Continue.

– C'est précisément mon père. Il est trop méchant avec ma mère et…

– … et avec toi ?

– Oui, m'sieur.

– N'aie pas peur. Rien ne sortira jamais d'ici.

– Il ne faut pas en parler aux gendarmes. Je ne veux pas que mon père aille en prison. Déjà qu'on n'a pas de sous !

– Promis.

– Il a tué ma petite sœur.

–?

– Oui. Un soir qu'il avait trop bu, ma mère s'était enfermée dans la chambre. Elle avait oublié la petite sœur dans la cuisine. Il nous a tous fait sortir et il l'a prise…

– Prise ?

– Comme mon chien prend la chienne des voisins quand elle a ses chaleurs. Par derrière. Il l'a plaquée sur la table. On a tout vu, cachés dehors, derrière la fenêtre. Après il s'est endormi. La maman nous a délivrés. Il y avait du sang partout. Elle a fait venir le docteur. C'est lui qui a appelé les gendarmes. La maman a dit qu'elle ne savait pas ce qu'il s'était passé. Les gendarmes nous ont rien demandé. On était trop petits. Ils ont dit qu'on allait être placés dans des familles. Ma mère hurlait. Mon père disait qu'il allait se jeter dans la mare. Depuis, les gendarmes sont revenus souvent. Mon père a été au tribunal à Annecy. Je ne sais pas ce qu'on lui a dit. Depuis, il prend des cachets. Quand je serai grand, je le tuerai. En attendant, je fais attention à ne pas le contrarier. Dès qu'il crie un peu trop, il prend ses cachets et ça va mieux.

– Comment tu vois ton avenir, Jérôme ?

– Je vais passer un CAP de mécanicien sur machines agricoles. Je vais me marier et avoir des enfants qui seront heureux. Je tue mon père, je vends la ferme et j'emmène tout le monde dans une grande maison que j'aurai construite.

– C'est clair. Mais sais-tu que si tu supprimes ton père, tu iras pour longtemps en prison ?

– Pas possible, avec tout ce que je raconterai. Du sursis, ce sera tout, et encore.

– Tu es bien renseigné, dis donc !

– Je lis Détective toutes les semaines à l'épicerie.

– D'accord. On continue.

– Non. C'est bon. Ça m'a fait du bien de tout vous dire. Si j'ai encore des choses à dire, je reviendrai comme aujourd'hui.

– À partir de maintenant, tu es un garçon tout neuf. D'accord ? En classe, tu vas tous les épater. Tu vas lever la main et avoir de bonnes notes aux contrôles. Pour la semaine prochaine, si tu révises bien la Russie de Lénine, tu vas faire un malheur. Vu ?

– Vu, m'sieur ! Merci, m'sieur !

– Oh ! doucement, je ne t'ai rien dit ! On boit un coup avec ma bien-aimée ? Elle a préparé un sirop de cassis du tonnerre, et je crois bien qu'il y a une tarte aux prunes dans le garde-manger.

– Des culs de poulet ? Chouette, j'adore !

Jérôme a englouti trois portions de tarte en caressant le chien. Joséphine, bouleversée, ne trouve pas la force de parler.

Le gamin a repris son vélo et le chemin de la Mâchurette. Louis en pleure d'émotion. Joséphine est prostrée, attablée dans la cuisine.

– Et dire qu'après tout cela on va me demander de terminer en priorité le programme…

– C'est un sacré programme que tu as sur la planche, mon chéri. Ce sera sans commentaires. Maintenant, il nous faut digérer sans nous révolter.

Jérôme a terminé le premier trimestre en se hissant à la moyenne. Sa professeur de français a mis l'accent sur des progrès en expression écrite, mais surtout sur la qualité de présentation des travaux. « Le petit cochon est devenu soigneux, il est enfin propre », a renchéri le professeur d'éducation physique. « Il ne comprendra jamais rien aux maths, mais au moins il se met à chercher… »

Conclusion du principal : « Une bonne remontée de bretelles après les absences et une implication des parents ont porté leurs fruits ! »

Louis jubile en silence. « Chantez, beaux merles, vous ne saurez rien ! »

VI

Un matin de printemps, Grand Louis se sent des ailes. Un de ces matins où l'on a envie d'aimer tout le monde et son voisin, d'embrasser le facteur, le curé, le cantonnier, sa belle-mère et le chien du garde-champêtre. Bref, Grand Louis a ce que Joséphine appelle une « pêche d'enfer » ! La bise a lavé le ciel et une brume légère flotte sur les hauteurs de la Mandallaz. La clarté matinale a des airs d'horizons océaniques un jour de mer d'huile. C'est comme si le lac d'Annecy se mirait dans le ciel et comme si le ciel se laissait détremper par le lac si paisible !

Ces journées qui débutent dans la félicité vous rendent aérien même malgré un léger embonpoint. La voiture qui démarre au premier tour de clé est moins bruyante qu'à l'accoutumée, l'air vif distillé par les interstices de la glace à peine baissée fleure bon l'herbe rafraîchie, la circulation est fluide et le collège paraît repeint à neuf ! Le principal, tout sourire à sa fenêtre, semble annoncer une publicité pour une lessive révolutionnaire ! Mylène a passé une légère robe blanche. Ses pas menus effleurent le carrelage des couloirs. Les élèves croisés en chemin saluent gentiment. Même les plus rebelles ôtent leur innommable casquette vissée sur leur crâne rasé.

L'entrée en classe se fait dans le calme.

– Bonjour à tous !

– Bonjour, m'sieur !

– Aujourd'hui, j'interroge oralement. Je passe une partie de la classe à la moulinette. Mehmet, donne-moi un chiffre compris entre un et vingt-six. Le hasard désignera la malheureuse victime.

– Trente-trois, m'sieur !

Une explosion de rires secoue la troupe. Ahmed en rajoute :

– C'est bien un Turc, celui-là. Il achète comme un riche et il paie comme un pauvre !

La communauté turque fait front :

– Les Arabes, c'est comme les crocodiles, ils ont que de la gueule !

Louis a un mal fou pour rétablir l'ordre au moment où Mehmet se jette sur Ahmed en le saisissant à la gorge. Diop, debout, esquisse des mouvements tournants en jetant ses semelles dans le visage des Turcs venus à la rescousse. L'orage s'est levé, la mer est démontée, le ciel se déchire et le lac prend des vagues… Mais Grand Louis a toujours une pêche d'enfer ! Il bloque la jambe de Diop, décroche le Turc qui étouffe Ahmed, le reconduit à sa place en le traînant par une oreille. Une des Lolitas se met à hurler :

– Monsieur, vous n'avez pas le droit…

– Alors je prends le gauche ! Silence, tout le monde ! Dites-vous bien, bande de petits roquets, que le premier qui bouge une oreille, je lui colle la calotte du siècle en Technicolor et je lui file mon pied au derrière jusqu'à ce que la fesse gauche explose en pulvérisant la droite !

La formule est magique. Le ciel se dégage, le lac est calme et irisé, finement nacré. Le délégué de la classe lève timidement la main.

– Monsieur, est-ce que vous allez mettre des mots dans le carnet et envoyer des élèves chez le principal ?

– Jeune homme, j'ai des principes, moi ! J'ai toujours eu pour habitude de régler mes affaires moi-même sans ameuter la population. Entre quatre yeux, entre quatre murs ! Pigé ? Il ne faut pas oublier que je suis votre professeur principal et que, par conséquent, tous les incidents dont vous vous rendrez coupables auprès de mes collègues seront d'abord réglés par mes soins et avec ma méthode, sans parler de ce que les autres professeurs décideront à leur tour ! C'est bien compris, n'est-ce pas ?

Le délégué de la classe reprend la parole.

– Mon père est délégué des parents d'élèves. Je ne crois pas qu'il appréciera vos méthodes.

– Je suis prêt à en parler avec lui. Je doute que ton père n'ait pas le souvenir d'une correction appliquée un jour ou l'autre qui ne l'ait remis dans le droit chemin ! La politique du coup de semelle bien placé n'a jamais blessé personne. C'est ainsi que l'on règle ce qui pourrait se transformer en conflits interminables. Il faut ménager les forêts en économisant les papiers des rapports administratifs. Après, on oublie tout et on se fait une risette !

– C'est qu'on n'a pas l'habitude…

– Où ? Au collège ou à la maison ?

– Les deux…

– Tu fais du sport, monsieur le délégué ?

– Du rugby.

– Du rugby ? Et tu n'as jamais sorti la boîte à gifles pendant une rencontre puis serré la main de tes adversaires et bu un verre avec eux à la fin ?

– Si.

– On est d'accord ! Jérôme, donne-moi un chiffre compris entre treize et quinze…

Regards interloqués, rires en sourdine !

– Ça va, m'sieur, j'ai pigé ! C'est moi qui passe à la moulinette !

– Quel est le titre de la leçon pour aujourd'hui ?

– La vie des Français sous l'occupation nazie.

– Bien ! Dis-moi ce que l'occupant nazi exigeait de l'État français à partir de 1941.

– Tout ce qui était produit en France devait partir en Allemagne.

– Re-bien. Et si certains cherchaient à sauver quelques biens, comment se comportaient les occupants ?

– Ils fouillaient partout, menaçaient et faisaient vivre les autres dans la terreur.

– Re-re-bien. Si cela se passait aujourd'hui, entre Français, comment pourrait-on appeler cette pratique ?

– Peut-être du racket ?

– Sûrement du racket ! Le racket est une pratique qui s'apparente aux méthodes des nazis. Et pour finir, Jérôme, quel sort a-t-on réservé à ces criminels ?

– Ils ont été condamnés à mort.

– Juste. Seulement, de nos jours, la peine de mort n'existe plus et certains profitent abusivement de la faiblesse des autres pour se livrer à ces pratiques criminelles.

Une petite bouche féminine laisse échapper :

– C'est dégueulasse…

– Eh oui ! mademoiselle ! C'est comme tu le dis si bien avec ton langage fleuri ! Et si nous étions en éducation civique, nous pourrions affirmer que le devoir de chaque citoyen est de dénoncer les racketteurs, qui pourrissent la vie en société, qui ne sont que des lâches, indignes de bénéficier des avantages que la République met à leur disposition.

La même :

– Vous croyez toujours à ce que vous dites, monsieur ?

– Juré !

– Alors, pourquoi l'extrême droite a-t-elle fait un gros score aux dernières élections ?

– Parce que nous vivons dans une démocratie et que, par le suffrage universel, tout le monde peut exprimer ses opinions.

– Vous n'avez pas répondu à ma question !

– L'extrême droite a-t-elle remporté les élections ?

– Non.

– Merci. Fin du débat. Je ne répondrai plus à aucune question, car je sens poindre chez certains un goût immodéré pour le débat qui permet de jouer la montre en attendant l'heure de la récréation !

Louis est satisfait de sa prestation. Il conduit la classe avec beaucoup d'habileté et lui impose un style qui ne laisse que peu de place aux perturbateurs expérimentés. Et il y en a ! Il a sincèrement l'intuition de « faire de l'histoire » comme il aime. En direct, par l'exemple, les références, les allers-retours dans les couloirs du temps. Lors des dernières réunions avec les parents d'élèves, il a reçu le plus bel hommage de sa carrière : « Monsieur, mon enfant avait horreur de l'histoire. Maintenant, il ne manque pas une émission à la télévision, et je vous avoue que nous commentons l'actualité en famille... » Il n'en demandait pas tant.

Les conseils de classe du troisième trimestre annoncent le grand relâchement de la fin de l'année scolaire et la perspective des vacances d'été. Le tribunal des professeurs est appelé à rendre son verdict. Une seule question est sur toutes les lèvres : « Passera ou passera pas dans la classe supérieure ? »

VII

Le prochain week-end promet d'être baigné de soleil. Il y a longtemps que Louis n'a pas emmené Joséphine en promenade.

– Ma beauté, que dis-tu d'une sortie d'un jour ou deux en amoureux ? J'avais pensé à Pérouges, avant le flot des touristes. Les pavés des vieilles ruelles rien que pour nous ou presque...

– N'importe où, pourvu que l'on parte !

– Tu fatigues ?

– Un peu. Je commence à être saturée par les rétrospectives

collégiennes au quotidien. Tu ne te rends pas compte à quel point tu ne parles que de tes potaches et de leurs tribulations. Normal. Il t'a fallu tout ce temps et tout ce dire pour imposer ton style, tes manières de faire et d'être. Maintenant, ta réputation te précédant, tu peux envisager sereinement la prochaine rentrée scolaire. Souffle, déroule, mets-toi un peu en roue libre. Je veux revivre.

Louis est troublé par cet aveu de Joséphine. L'aurait-il trop délaissée, trop négligée à force de construire son nouveau personnage ? Qu'est-elle devenue durant tout ce temps passé à ne penser qu'à lui ? Il est soudain envahi par un irrépressible tourment, un doute contrariant. Sa vigilance a été prise en défaut. Il n'a même pas le souvenir de lui avoir demandé, le soir en rentrant, ce qu'elle avait fait toute la journée. Il n'a parlé que de lui, de ses élèves, du système scolaire ; il lui a imposé le petit Jérôme. Et pourtant, Joséphine a vécu tout ce temps. Leurs moments de douceur, leurs étreintes ont toujours été aussi riches en émotions, ses regards n'ont cessé d'être attendrissants. Il l'aime d'une passion idolâtre. Sa conviction d'un amour partagé l'a plongé dans un océan de certitudes. Négligence coupable ! Elle est jeune, belle, avide de vivre. Il vient de percevoir que la dévotion de Joséphine à son égard a peut-être atteint ses limites. Elle lui a prodigué tout au long de l'année scolaire des monceaux de preuves d'amour. Il a failli ne pas s'en apercevoir. Le rouge est mis. Il doit se réveiller. Il est pris de panique. Leur grande différence d'âge est un jardin des délices. Qu'il ne devienne pas le bûcher des cœurs ! Grand Louis est ébranlé.

– Chérie, tu m'aimes encore ?

– Non, bien sûr ! C'est la réponse que tu attendais, naturellement ?

– Sotte, tu arraches les ailes d'une mouche. J'ai peur, Joséphine. J'ai peur que la vieille mouche mutilée ne s'envole plus à la poursuite de la gracile libellule.

– Recommence avec tes doutes et tes interrogations. Vas-y. Et si tu me resservais ton P'tit Louis, par la même occasion ?

– J'ai peur de l'érosion de tes sentiments, de l'usure du temps. Avec tout ce que tu as appris sur toi-même, sur ton charme, sur le pouvoir que tu peux exercer sur les êtres, ne vas-tu pas un jour éprouver ces talents et te mesurer à d'autres ?

– Tu cherches à m'offenser, à me vexer, à m'offusquer, à m'outrager ! Crois-tu que j'ai fait tout ce chemin pour plier bagage à nouveau ? Tu me prêterais donc les traits d'une Messaline gagnée par la débauche, dévoreuse d'hommes, d'une tapageuse Salomé qui obtint la tête de saint Jean-Baptiste ? Tu es complètement piqué, mon pauvre Louis !

– Piqué ? Comme mangé aux vers, vermoulu ?

– C'est cela, comme une vieille commode !

– Ou un vieux pas commode ! J'ai envie de te prendre sur mes genoux. Viens faire ta petite gamine, Salomessaline.

À bout d'arguments, Joséphine se blottit sur les genoux de Louis, jambes repliées, la tête sur une épaule, le bras passé sur l'autre. Ils entrent en torpeur comme on se glisse dans un lit douillet.

Au sortir de l'autoroute A42, la route conduit tout droit à Pérouges. La citadelle, dominée par l'église forteresse, campe au sommet de la colline. Louis range la voiture le long des murs de l'église qui forment la muraille de la ville. Par la porte d'en haut, ils entrent dans la cité, main dans la main, jetant un regard vers la plaine de l'Ain qui s'efface dans une brume incertaine ourlant les contreforts du Bugey, au pied duquel paresse le Rhône.

– Tu vois, jeune fille, par grand beau temps, on peut nettement distinguer le Mont-Blanc à l'horizon. Si c'est le cas, c'est signe de pluie. Et là-bas, tout en bas, derrière ce petit bourrelet boisé, tout au fond, c'est le village de pépé et mémé de Lyon dont je t'ai parlé.

– Là où P'tit Louis est allé arroser son baccalauréat quand il a quitté sa Haute-Savoie, sa « Hiaute » ?

– Bravo, princesse, tu as bien retenu la leçon !

– On ira ?

– Je n'osais pas te le demander. Oui, on ira faire un pèlerinage !

Tout en bavardant, ils se retrouvent sur la place du Tilleul, face à l'Ostellerie du Vieux Pérouges, haut lieu de la cité et étape gastronomique. C'est une demeure chargée d'histoire, où soufflent l'esprit, la culture et la parfaite courtoisie par la grâce de ses propriétaires. Il y a trop longtemps que Louis n'a pas remis les pieds à l'intérieur de ces murs qui fleurent bon les vieux meubles cirés, le feu de cheminée et la galette tiède. En poussant la porte, il cède le passage à Joséphine et l'observe du coin de l'œil. Elle paraît à la fois intimidée et curieuse d'aller à la découverte de cette oasis du bon goût. La majesté de la salle de réception est accentuée par l'austère beauté du mobilier Louis XIII. Cet endroit vit. Ce n'est pas un musée, encore moins une de ces nécropoles où trônent des souvenirs à jamais figés. Les rosettes lyonnaises se balancent aux poutres sombres des plafonds à la française, les galettes entamées sommeillent au bord du pétrin tandis qu'une noueuse bille d'acacia crépite dans l'âtre, où un veau pourrait être embroché !

– Cher ami, je te présente ma bien-aimée, venue des terres savoyardes pour être un jour la dame de Pérouges !

– Madame, votre discrète élégance et votre touchante beauté font de vous une parfaite ambassadrice des États de Savoie ! Savez-vous que jusqu'au 17 janvier 1601 nous étions ici des Savoyards ?

– Louis me l'a appris, monsieur ! Votre élogieuse courtoisie me comble d'aise. Je me plais énormément dans cette somptueuse demeure.

– Installez-vous dans le petit salon, je vous rejoins pour l'apéritif.

Joséphine s'empourpre de confusion et Louis rosit de fierté. Il brûle du désir de lui faire oublier le délaissement coupable dont il la sait victime. Cette journée lui est entièrement consacrée. Une adorable vieille dame en costume traditionnel, coiffée d'une fanchon en dentelles, dépose discrètement le menu. Le maître des lieux et son épouse apportent l'apéritif.

– Laissez-nous vous offrir l'hypocras fait maison selon une recette du XIVe siècle, breuvage préféré de Gaston Phébus, comte de Foix et vicomte de Béarn.

Servi dans des gobelets en étain, le breuvage frais est un véritable philtre. Le regard constellé d'étoiles de Joséphine donne de l'intensité à sa félicité. Louis savoure.

– Raconte-nous, comme tu sais si bien le faire, le destin providentiel de ton village !

– Pérouges, dont l'histoire se confond avec toute l'antiquité et le Moyen Âge des États de Savoie, a été une place forte essentielle dans la diplomatie européenne de l'époque. Pays de vignes, la crise du phylloxéra l'a ruiné. L'arrivée du chemin de fer, dans la plaine, à Meximieux, a précipité sa chute à tel point que, désertée, la cité était en ruines au début du XXe siècle. Son destin de réserve de cailloux et de proie pour les ronces semblait scellé quand un personnage d'exception, un géant, s'est penché sur la moribonde. Mon grand-père, Anthelme, professeur à Lyon, avait un ami de poids… ! Édouard Herriot, futur maire de Lyon durant cinquante-cinq ans, plusieurs fois ministre, président du Conseil, humaniste et fin lettré, est tombé amoureux de ces vieilles pierres abandonnées. Quelques coups de gueule plus tard et une campagne nationale bien enveloppée, et voilà Pérouges sorti de l'oubli et ressuscité d'entre les villages morts ! À nous d'entretenir la flamme et de transmettre le flambeau… Madame, vous êtes ravissante…

– Cher ami, il s'agissait de nous narrer Pérouges… !

– Choisis ton menu et laisse-moi complimenter madame !

– Je sais que madame va se laisser séduire par un gâteau de foies de volaille. Pour moi, ce sera une escalope de foie gras poêlée. L'unanimité s'est faite pour élire un poulet de Bresse à la crème et aux morilles. Tu nous régaleras d'un fromage blanc frais accompagné du tupin de crème de la ferme. Au café, madame succombera à la galette de Pérouges finement sucrée et beurrée.

– Pas toi ?

– Quelle question ! Arrose-nous cela d'une roussette de Seyssel !

– Bon appétit, et passez me voir en partant !

– À la caisse ?

– Grossier personnage !

Comme promis, Louis entraîne Joséphine à la conquête de son village, non loin de la rivière d'Ain. Un bijou de petit village qui égrène ses hameaux comme un chapelet.

– Regarde, c'est la maison. Elle veut se cacher derrière un rideau de vigne vierge, mais elle est bien trop belle pour qu'on ne la remarque pas. C'est toute une partie de ma vie, cette bâtisse. Tu comprends ? Jamais je ne pourrai retourner dans la maison de P'tit Louis, dans la Hiaute. Elle a été vendue. Un morceau est parti avec les travaux d'agrandissement du carrefour. Mais là, oui, là, rien n'a changé ou presque depuis des siècles. Je suis le dépositaire de la tradition et le gardien des souvenirs. Chaque gravier de la cour évoque une belle histoire. Depuis la mort de mon père, elle est à moi, cette maison. C'est un vieux copain paysan qui ouvre parfois les volets et qui se sert des hangars agricoles. Un jour nous y viendrons. Je voudrais vieillir ici.

– Et la Seigneurie de Champagne ?

– Je vais te la donner. À ma mort, tu auras un patrimoine de qualité. Je ne veux pas te laisser sans ressources, ma Joséphine. Il ne me reste que cinq années d'enseignement. Toi, tu pourras travailler dans n'importe quel organisme international en qualité d'interprète, et à Lyon ils ne manquent pas. Tu sais, les biens matériels ne m'intéressent que s'ils ont une valeur sentimentale. La Seigneurie est à toi, cette maison-là est à nous. Que demande le peuple ? Pour le reste, et comme disait le pépé d'ici : « Pourvu qu'un billet de mille balles pousse l'autre ! » On verra bien.

– C'est tout ?

– Non, ce n'est pas tout, ma dame...

Grand Louis a laissé la voiture près des jeux de boules, à l'ombre de l'église. Main dans la main, ils rejoignent le petit cimetière où reposent la moitié des ancêtres de Louis. Il a à cœur d'expliquer à sa bien-aimée la place que chacun des disparus a tenue dans sa vie. Tant pis pour elle ! Lui laisse parler ses souvenirs.

– Alors, si ce n'est pas tout, c'est quoi, monsieur de ?

– C'est que… Ce n'est pas facile à dire… Bien, voilà…

– Voilà quoi ? Dis à Joséphine, mon petit ! Tu peux tout lui dire, à Tata Fifine, elle est grande, elle a bien vécu, elle !

– Arrête ! Tu ne crois pas si bien dire. Je prends ma respiration. Mademoiselle Joséphine Chamois, acceptez-vous, dans ce petit cimetière et devant la moitié de mes ancêtres…

– … de prendre pour époux monsieur Grand Louis de La Combe, ici présent… Oui, je le veux, vieil ours mal léché ! Enfin ! Il a mis le temps, le grand benêt, pour se déclarer. Oui, je le veux, je l'exige et je l'ordonne, et vite ! C'est bon, comme cela ?

Oubliant la solennité des lieux, Louis prend Joséphine à bras-le-corps, la soulève de terre, la fait tournoyer et se met à crier.

– Regardez tous, mes vieux ! Regardez tous ! Elle a dit oui, ma muse, mon égérie, ma beauté…

– Il faut vite rentrer, Grand Louis, pour l'annoncer au chien ! Je vais choisir une robe blanche, une couronne de fleurs d'oranger, un bouquet de mariée, lancer les invitations, convier la presse locale, retenir la salle des fêtes, commander au traiteur, acheter les cornets de dragées, faire imprimer les faire-part et choisir la destination du voyage de noces. On sera deux cents, et après on ira à Tahiti… Mais, Louis, pourquoi es-tu si pâle ?

– Tu es sérieuse ?

– Bien sûr que non, idiot ! Dans la plus stricte intimité…

– Je me sens mieux, merci ! On rentre tout de suite. En voiture !

– Une question, grand loup en miettes… Tu as pensé un jour, un seul instant, que je ne puisse pas dire oui ?

– Le doute, le scepticisme, les noirs pressentiments… Tu as tant souffert de ton échec précédent…

– Raison de plus pour me glisser dans ta vie, me laisser aller, succomber, me livrer toute crue à toi et me vautrer dans un bonheur sans pareil ! J'ai tout et je veux plus encore.

VIII

Les conseils de classe du troisième trimestre sentent le foin fraîchement coupé, les cerises trop mûres, et sont ponctués par les trémolos amoureux des tourterelles. L'équipe pédagogique est au grand complet. Le principal prend la parole.

– Conformément aux directives rectorales, nous n'accepterons en redoublement que les élèves qui ont de réelles chances de s'améliorer. Débarrassons-nous des agitateurs et des incurables.

Louis se penche vers sa collègue d'anglais et lui glisse à l'oreille :

– Va faire comprendre aux gamins et aux parents que plus les élèves sont infects et plus ils ont de chances de passer dans la classe supérieure ! C'est la prime à la médiocrité. Décidément, je n'y comprendrai jamais rien.

Le principal reprend :

– J'ai déjà examiné les cas individuels. Je sais qui va redoubler. De toute façon, c'est moi qui décide en dernier ressort !

Louis est excédé. Ses soupirs sont plus éloquents que de longs discours.

– Monsieur de La Combe, je constate que vous avez épousé la cause de notre institution ! Je m'en réjouis. Il ne vous manquait plus que cette marque de discipline pour être un enseignant exempt de tout reproche. Vivement la prochaine rentrée scolaire ! Cher monsieur, votre talent de pédagogue conjugué à votre propension à explorer la psychologie de nos élèves fera de vous l'éducateur idéal pour la classe d'enseignement adapté. Nous comptons sur vous pour élever la culture et le savoir-être de nos jeunes à la dérive. Ce sera votre fierté.

On verra bien !

Arrivé à la Seigneurie, Louis aperçoit le vélo de Jérôme appuyé contre l'escalier de pierre. Le petit bonhomme est attablé dans la cuisine, aux prises avec une tarte aux culs de poulet et un verre de cassis. Joséphine, tout attendrie, est assise face à lui. Le chien a posé la tête sur la cuisse de Jérôme.

– Alors, beau gamin, on profite de mon absence pour venir courtiser madame ?

– C'est sérieux, Louis. Le petit vient nous annoncer une triste nouvelle.

– Oui, m'sieur. On est sortis à midi, aujourd'hui. Je n'ai pas pu vous voir avant. J'ai préféré venir.

– Vas-y, mon gars.

– Mon père est mort…

– Mort ?

– Il s'est pendu dans la nuit à un fayard, à la Mâchurette. C'est le voisin qui l'a trouvé en allant charger un voyage de bois. Ce matin, en partant, je ne l'ai pas vu. Mais j'ai l'habitude. Il part souvent avant moi et la mère se lève plus tard. Quand je suis rentré à midi et demi, les gendarmes et les pompiers étaient dans la cour. Les pompiers ont emmené ma mère.

– Et les petits ?

– Ils sont chez ma tante, à Rumilly. C'est le maire qui les a emmenés en attendant que ma mère revienne.

– Mais, et toi ?

– Oh ! moi, je vais bien me débrouiller ! J'ai l'habitude.

– Tu veux rester ici ?

– Non, merci. Il y a les bêtes à s'occuper. Les voisins n'ont pas l'air de vouloir donner un coup de main. C'est pas facile.

– Mais, et ton père et… la suite ?

– Vu qu'on n'a pas de sous, la mairie prend tout en charge.

– Bien. Mais, ton père, il va bien falloir que quelqu'un le remplace.

– C'est déjà fait.

– Comment, déjà fait ?

– C'est pour cela qu'il a violé ma petite sœur et qu'il s'est pendu. J'en suis sûr. Ma mère a un copain depuis longtemps. Un jour, elle a dit à mon père qu'il n'avait qu'à crever, il serait vite remplacé. C'est un vieux garçon d'en bas du patelin. Il voulait la marier, mais mon grand-père l'a donnée à mon père. À l'époque, il avait des terres qui rapportaient plus. Moi, je les ai vus tous les deux, un jour que mon père était au marché à Annecy. Ils se faisaient des mamours vers la cabane du cochon. Même que mon père a dit que ma petite sœur ne pouvait pas être de lui, vu qu'elle aurait été fabriquée pendant qu'il était au Plateau-d'Assy pour ses poumons de fumeur. Il l'a tuée pour se venger.

– Mouais. Tu parles d'une polente ! Et tu crois qu'il va rappliquer à la place toute chaude de ton père, le vieux garçon ?

– Sûr ! La mère veut empêcher que les petits soient placés chez des gens. Comme ça, avec le vieux, ils auront un père et elle sera tranquille.

– Tu t'entendras bien avec ce monsieur ?

– M'en fous. Encore une année de collège et je pars en apprentissage.

– Mais tu en as fini avec le collège !

– J'ai pas eu le temps de vous dire, m'sieur. J'étais aussi venu pour ça. J'ai demandé à refaire une troisième, mais dans la classe d'insertion, pour faire plein de stages avant d'attaquer l'apprentissage. J'ai demandé au principal si je pouvais vous avoir comme professeur.

– Mais c'est toi, garnement, qui me fourres dedans jusqu'au cou ? J'ai cru que le principal me destinait aux cas difficiles pour m'en faire baver. Au contraire, c'est uniquement pour que l'on soit ensemble ! Alors là, chapeau ! Bien joué ! Je me suis laissé avoir. J'ai compris : je la ferme et je te supporte toute l'année prochaine !

– Moi, Joséphine, je me marre...

– Toi, Joséphine, tu te barres...

– Sinon ?

– Sinon, je te fais avaler le Jérôme, bande de malfaiteurs associés !

Épilogue

Quelques mois plus tard…

« Étoile des neiges, tes garçons d'honneur
« Vont en cortège, portant des fleurs,
« Par un mariage finit mon histoire
« De la bergère et de son petit Savoyard. »

– Silence, monsieur de La Combe ! Tu chantes fort, tu chantes faux. Tu vas réveiller ton fils.

– Pensez donc, madame de La Combe, il a trop bu, notre fils ! Il a trop bien fêté nos noces, ce bandit des grands chemins. Le jour où nous avons décidé de l'adopter, nous ne savions pas qu'il engloutirait tous les fonds de bouteille pour notre mariage ! Une vraie polente, ce gamin ! Pour une fois, j'aime bien la polente !

– Debout, Jérôme ! Aujourd'hui, on part tous en voyage de noces... Le tour du lac d'Annecy en bateau, et on mange sur le bateau !

– Je vous aime trop, Joséphine et toi, Grand Louis. Comment vous allez faire quand je partirai ? Tu crois que tu auras le temps de me raconter la révolution de Mai 68 ?

– On verra bien...

Louis prend Joséphine dans ses bras.

– Tu sais, Joséphine, comme disait ma maman : « Heureusement qu'on s'a... ! »

Achevé d'imprimer
en juillet 2008
par l'imprimerie Chirat
pour le compte et le plaisir de
La Fontaine
de Siloé
à Montmélian, Savoie